Rudolf Steiner Was tut der Engel in unserem Astralleib?

Rudolf Steiner

Was tut der Engel in unserem Astralleib?

Wie finde ich den Christus?

Zwei Vorträge,
gehalten in Zürich am 9. und 16. Oktober 1918

Mit einer Einführung von Andreas Laudert

RUDOLF STEINER
VERLAG

2. Auflage 2023

© 2017 Rudolf Steiner Verlag, Basel
© 1969 Rudolf Steiner Nachlassverwaltung, Dornach

Einbandgestaltung: Finken & Bumiller, Stuttgart
Satz: Satz für Satz, Wangen im Allgäu
Druck und Bindung: Florjančič tisk, Maribor
Printed in Slovenia

ISBN 978-3-7274-5417-2

www.steinerverlag.com

INHALT

7   Einführung
    von Andreas Laudert

17 Was tut der Engel in unserem Astralleib?
    Vortrag Zürich, 9. Oktober 1918

47 Wie finde ich den Christus?
    Vortrag Zürich, 16. Oktober 1918

    Anhang

85 Zu den Vorträgen
88 Hinweise zum Text

Es ist eine seltsame Zeit, in der wir leben: Einerseits sind wir sensibler geworden, andererseits narzisstischer. Es gibt viele positive Entwicklungen im sozialen Zusammenleben, ein vermehrtes Teilen von Gütern, mehr Solidarität und praktisches Mitgefühl. Auch sind die Empathie und das Interesse am Wesen des anderen gewachsen. Aber es gibt auch mehr Gedankenlosigkeit, mehr Indiskretion und Lust an der Denunziation; das Interesse am Mitmenschen ist oft nur das an seiner Performance. Und im Geistigen werden Dinge, die zusammengehören, etwa Individualität und Transzendenz, gegeneinander ausgespielt. Vorschnell wird Christentum mit Kirche identifiziert oder Islam mit Islamismus. Was spielt sich in den Seelen der Menschen ab? Der moralische Resonanzraum, das ganze moralische Gefüge scheint in einem stillen Aufruhr.

Der Anspruch anthroposophischer Geisteswissenschaft ist nicht, die vorhandene Welt mit Erklärungen und Forschungsergebnissen zu beglücken, nach denen niemand verlangt hat, und Antworten auf Fragen zu geben, die bis zu diesem Zeitpunkt niemanden gequält haben und die niemand gestellt hat. Anthroposophie möchte im Gegenteil Licht ins Dunkel bringen gerade dort, wo uns Menschen Dinge dauerhaft beschäftigen und weder Alltagsverstand noch Glaube oder Psychologie den Hunger nach Erklärungen befriedigen können.

So ist etwa unzweifelhaft – um die Aufmerksamkeit auf ein Feld zu lenken, das Steiner im ersten der hier abgedruckten Vorträge berührt –, dass in unserer Gesellschaft die menschliche Sexualität immer mehr Raum einnimmt, durch eine forcierte Art der Darstellung und durch die wachsende Attraktivität von Grenzüberschreitungen. Es scheint, als entwickelten wir immer stärker ein Empfinden für den schmalen Grat zwischen «Tierischem» und «Höherem» in unserer Seele und als würde uns die Möglichkeit reizen, damit zu spielen. Sexualität ist zu einem Pfund geworden, mit dem jeder im Machtpoker wuchern kann.

In einer großen Wochenzeitung erschien im Sommer 2016 eine Recherche über einen einflussreichen Aktivisten der Hacker-Szene, der von weltanschaulichen Gefährtinnen sexueller Ausschweifungen und Übergriffe beschuldigt wurde. Was hierbei Wahrheit, was Unterstellung war, schien komplex und eher Ausdruck interner Intrigen. Es lagen indes persönliche Dispositionen vor, die die Vorwürfe plausibel erscheinen ließen – ebenso wie bei den ungleich bekannteren Fällen von Dominique Strauss-Kahn und Julian Assange einige Jahre zuvor. Im Zuge der medialen Inszenierung dieser und anderer Fälle kam es zu bestimmten politischen Entwicklungen – Gesetzesreformen, Ämterbesetzungen –, die sich sonst möglicherweise so nicht vollzogen hätten, das Wirtschafts-, das freie Gedanken- wie auch das Rechtsleben betreffend.

Vor allem auf dem mittleren Feld des sozialen Organismus, speziell was die Religion betrifft, ist Sexualität als kulturelles Problem auch in Bezug auf die Migration in anderen Kulturen sozialisierter Männer und Frauen nach Europa ins Bewusstsein gerückt.

In der Kunstgeschichte kennt man Darstellungen des Erzengels Michael bzw. seines irdischen Vertreters St. Georg, der den Fuß auf den besiegten, auf dem

Rücken liegenden Drachen stellt. Dieses Bild eines Triumphs im geistigen Kampf, diese Illustration der Selbstüberwindung des Ich, das mit der Kraft seines Geistes die diesen mitreißen wollenden Instinkte und Affekte der Seele besiegt, taucht heute im Westen in der Sadomasochismus-Szene wieder auf: als «Trampling»-Rollenspiel. Die Macht über den anderen wird seelisch genossen. Herausgelöst aus dem esoterischen Kontext wird die bedeutungsschwere Geste zur Pose, was einen ernsten Hintergrund hat, wird zum vulgären Spiel. Eine bizarre Reminiszenz an die Ikonografie der Selbstüberwindung.

An dieser Stelle kann es nicht um eine sittliche Betrachtung gehen. Die Beteiligten mögen innerhalb ihrer Verabredung gleichwohl souverän und brüderlich zueinander stehen. Die möglichen Folgen für das Wesensgliedergefüge stehen jedoch auf einem anderen Blatt. Und welche Traumata entstehen bei Frauen, die erleben, dass sie nur als Objekte gelten? Auch in Gefangenenlagern kam und kommt es immer wieder zu demütigenden Vermischungen von Sexualität und Gewalt. Dem kollektiven Gedächtnis haben sich also in den letzten Jahren andere Bilder von Fußtritten eingebrannt als dasjenige eines erzengelhaften Willens, der den Drachen besiegt.

Inwiefern vermögen diese Beispiele in die Lektüre der beiden Vorträge einzuführen, die Rudolf Steiner im Oktober 1918 gehalten hat? Sie können dies, weil sie in mehrfacher Hinsicht symptomatisch sind. Sie betreffen den intellektuellen Diskurs und berühren ethische Fragestellungen – wer sind die Guten, was ist richtig, was falsch –, und sie spielen ins psychologische Gebiet hinüber. Es geht um das Reich der Triebe, Leidenschaften und Instinkte, um die Seele des Menschen, seine Astralität. Hier sind wir nicht immer wach, hier sind wir angreifbar. Und doch leben gerade in der Seele auch unsere Hoffnungen und Träume, unsere politischen Visionen, Utopien und Zukunftsvorstellungen.

In der Seele wirken geistige Kräfte. Sie ist ein Ort der Aktivität von Wesen derjenigen Hierarchie, die dem Menschen am nächsten steht: der Engel. Die Engel bewirken Bilder in uns, und diese Bilder wiederum bewirken Handlungen. Beide Vorträge Steiners handeln auf verschiedene Weise, mal indirekt, mal explizit, mal warnend, mal affirmativ, von der ambivalenten Empfindung der Ohnmacht und von dem, was in unserer Seele langfristig veranlagt wird. Es geht um die Beteiligung unseres Bewusstseins an unserer Weiterentwicklung und um die Zukunft, die wir vom Menschsein entwerfen.

Die Tätigkeit der in der Seele arbeitenden Wesenheiten bewirkt Reichtum in unserem Inneren. Die Bilder, die dabei entstehen, sind jedoch nicht wertfrei, nicht folgenlos, sie formen, oft unbewusst, auch unser Bild von uns selbst. Wie wir uns sehen, was wir durch die Kräfte, die in uns tätig sind, imaginativ erschaffen, das *werden* wir, das wird sich im Äußeren offenbaren.

Doch gibt es ein Kontrollorgan, das dabei Prioritäten zu setzen vermag und das die Vollmacht besitzt, zu wählen, was sich in der Welt etablieren soll. Dieses Organ, oder diese «Organisation», ist das Ich. Sein Zerrbild ist das Ego.

Vor diesem Hintergrund verknüpft Rudolf Steiner das Geistesleben, spirituelle Einstellungen, mit dem Pathologischen, mit Begriffen wie «krank» oder «gesund». Er hebt auf eine menschenkundliche Ebene, er pathologisiert, was wir bis dahin ausschließlich für eine

Angelegenheit ergebnisoffener Debatten und unserer individuellen Freiheit hielten. So gehören die Vorträge zu den brisantesten und spannendsten Steiners, auch deshalb, weil er manches, was aus der okkulten Forschung heraus offenbar noch zu sagen wäre, bewusst zurückhält. Die Darstellung wirkt dadurch geheimnisvoll.

Die eingangs angeführten Beispiele sind eine Anregung, selbst darüber nachzudenken, welche Phänomene der Gegenwart mit den Andeutungen vor allem des ersten Vortrags zusammenhängen könnten, etwa was das «Mysterium» der Empfängnis oder die Medizin betrifft. Um Steiners Einsichten und Bemerkungen an die heutige Wirklichkeit anzubinden, sie mit ihr ins Gespräch zu bringen, muss man die Ausformungen dieser Wirklichkeit ganz konkret betrachten, mag es auch befremdlich wirken oder mancher «Fall» seine Relevanz und Aktualität längst eingebüßt haben, wenn man dieses Buch in Händen hält.

Was ist etwa gemeint mit der «absoluteste[n] Vereinheitlichung des Menschengeschlechts», und was wäre deren Zerrbild? Und der «Ruck», mit dem «eingeflößt wird von spiritueller Seite ein gewisses Geheimnis, was der andere Mensch ist» – kennen wir solche Erfahrungen im Kleinen?

Steiner macht sich an einigen Stellen angreifbar, und es ist wichtig, bei der Lektüre im Bewusstsein zu behalten, dass das, was er problematisiert, auch beim Nachvollziehen eben dieser Ausführungen beherzigt werden muss. Man kann irritiert sein von einzelnen einseitig erscheinenden Ausdrucksweisen und Bewertungen, etwa des Islam. Aber man kann auch versuchen, mitzudenken, mit welcher Intention und aus welchem Zusammenhang heraus es gesagt ist, anstatt der Rhetorik zu viel Bedeutung beizumessen. Gerade Einseitigkeit und falsche Naivität möchte Steiner überwinden helfen. Seine Absicht ist nicht, zu moralisieren, sondern das vordergründig oder kurzfristig gut Erscheinende daraufhin zu befragen, ob es wirklich eine positive Entwicklung ist. Was ist tatsächlich hilfreich und heilsam, und welche noch so gut gemeinten Maßnahmen sind letztlich sozial schädigend, weil sie Misstrauen zwischen den Menschen hervorbringen und das Schöne diskreditieren?

Steiner blickt dabei zunächst im konkreten wie im übertragenen Sinne auf den Zustand des Schlafens, in dem die Bilder gewoben werden und unsere Zukunft gestaltet, also auf die Art und Weise, wie wir zu etwas kommen. Dem korrespondiert im zweiten Vortrag die Frage, wie wir etwas sagen.

Dort rückt das *Vermitteln* von Wahrheiten, Idealen und Werten in den Fokus, unsere Kommunikation. Steiner stellt sich in die damit verbundenen Schwierigkeiten mitten hinein und setzt sich ihnen aus – wie er es eigentlich in seiner ganzen anthroposophischen Vortragstätigkeit getan hat. Er problematisiert das Gelingen von Kommunikation als solcher, und zwar auf eine ziemlich moderne Weise, indem er die allzu schlichte Auffassung einer möglichen Offenbarung von Inhalten infrage stellt. Wie etwas vermittelt wird, so Steiner, sei mindestens so wesentlich wie der Inhalt – insofern allem Gesagten eine bestimmte Gebärde innewohnt. Der sprachliche Gestus kann Orientierung geben, wenn beim Zuhörer oder Leser hinsichtlich der inneren Wahrhaftigkeit einer Rede oder eines Textes Zweifel aufgekommen sind.

Dieser Blickwinkel ist heute aktueller denn je. Allein schon, wenn man an die «Inhalte» denkt, die als sogenannter Shitstorm durch das Internet eilen – und deren «Löschung» dann entsprechend als Forderung im Raum steht. Durch die Anonymität des Netzes sind sie losgelöst von jeglicher individueller Moralität, jeglichem Gewissensinstinkt, sodass die Form, in der man hier etwas loswird, das vielleicht Berechtigte der eigenen Ansicht bereits konterkariert.

Steiner charakterisiert die Gesinnung, die wir stattdessen pflegen müssten, und zwar nur schon «indem wir den Mund aufmachen», als «christlich», wohl wissend, dass dieser Begriff bereits zu seiner Zeit eine umstrittene Referenz ist. Die Frage ist auch hier, ob wir uns an dieser Vokabel aufhängen oder von der Sache her eine flexiblere Terminologie verwenden und zum Beispiel von «Achtsamkeit» sprechen. Nicht, um das Was einer Rede vom Wie zu trennen, also «Christus» gleichsam von sich selbst, sondern um dessen Tiefe und Gegenwärtigkeit zu erfassen, wenn nicht sogar zu befreien. Denn auch (und gerade) das Christliche ist ein Inhalt, der sich erst in der Präsenz derer bewahrheitet, die ihn durch die Ausrichtung ihrer Existenz verbürgen und dadurch dokumentieren, dass es dort, wo das Kreuz und mit ihm die Ohnmacht ist, auch die Auferstehung gibt, und dass nur wo aufrichtig gerungen wird, Wahrhaftigkeit entsteht. Nicht Vollkommenheit, gar Perfektion, erst recht nicht moralische, ja nicht einmal Höherentwicklung um jeden Preis ist die Sache des Christen. Die Authentizität oder Authentifizierung eines christlichen Dokuments erweist sich am Leben, nicht an der Theorie.

In diesem Sinne betont Steiner die intime, man kann auch sagen: esoterische Verbindung des Sprechenden nicht nur mit den Worten, die er wählt, sondern mehr noch mit dem Geist, aus dem heraus er spricht. Wir müssen demnach lernen, prozessual zuzuhören und mit Intuition auch das zu erfassen, was jemand gestisch sagt oder sagen möchte, aber vielleicht nicht sagen kann, statt uns von einer griffigen Formulierung bestechen, von einem brillanten Stil blenden oder von einer ungewohnten Betrachtungsweise allzu sehr provozieren zu lassen.

Wie die Worte einer Rede oder auch eines Textes nicht das Entscheidende sind, sondern das, was sie bewirken bzw. bewirken wollen, so müssen auch spirituelle Fähigkeiten, mögen sie noch so beeindruckend und vielleicht sogar segensreich sein, daraufhin angeschaut werden – und das ist eine Kernaussage wiederum des ersten Vortrags –, ob sie den Menschen humaner machen oder bloß seinem Ego schmeicheln. Wir sind aufgerufen, unser Bewusstsein zu schärfen, um nicht fremdem Willen zu viel Macht über uns einzuräumen und so den zweiten Schritt vor dem ersten zu tun. Selbst die grandiosesten technischen Innovationen werden negative Folgen zeitigen, wenn sie eine Ebene in uns «bedienen», die dem Menschen – noch – nicht entspricht und auf der wir uns daher nicht mit bewussten Sinnen und mit geläutertem Selbstbewusstsein bewegen können. Denn es mischen immer auch Kräfte mit, die verführen wollen, die verfrüht wecken, was als Möglichkeit in uns ruht, aber erst später angemessen ist. Steiner macht deutlich, dass die Weiterentwicklung eines Wesens – sei es die eines Menschen oder eines Engels – kein Selbstzweck sein kann, sondern dass sich, zumal beim Menschen, der wahre Fortschritt erst da zeigt, wo sich seine Menschlichkeit vertieft. Solange wir hingegen bloß «wie von selbst» – also nicht *wirklich* selbst, nicht aktiv durch unser Ich – bestimmte geistige Vollmachten entwickeln, bedeuten diese eher eine Gefahr. Sie sind dann inspiriert von Kräften und Wesen, die ihre eigene Ohnmacht kaum ertragen, ihr eigenes bewusstseinsgeschichtliches Begrenztsein auf eine bestimmte Wirkungsweise und Existenzform, und die daher in zweierlei Weise auf den Menschen einwirken wollen: einmal, indem sie ihm weismachen, wie leicht doch diese oder jene mentalen Quellen anzuzapfen seien, und einmal, indem sie ihm sagen, dass es diese gar nicht gebe.

Der Sehnsucht nach Orientierung durch allgemein gültige Werte steht heute das Verlangen nach der Freiheit des Denkens und nach Selbstverwirklichung gegenüber – Selbstverwirklichung in der Kommunikation mit anderen, aber auch als Realisierung eines Göttlichen in uns. Es liegt an uns selbst, (an) was davon wir glauben, welche punktuelle oder prinzipielle Haltung wir als Zeitgenossen in den Kämpfen der Gegenwart entwickeln – Steiners Vorträge standen unter dem Eindruck des Ersten Weltkrieges – und welche Vorstellungen und Handlungsimpulse die Lektüre dieser Vorträge in uns hervorruft.

Andreas Laudert

WAS TUT DER ENGEL IN UNSEREM ASTRALLEIB?

Vortrag Zürich, 9. Oktober 1918

Anthroposophische Geist-Erfassung soll nicht bloß sein eine theoretische Weltansicht, sondern sie soll sein ein Lebensinhalt und eine Lebenskraft. Und nur, wenn wir uns in die Lage versetzen, unsere anthroposophische Weltauffassung in uns so zu erkraften, dass sie wirklich voll lebendig in uns wird, dann erfüllt sie eigentlich ihre Aufgabe. Denn wir sind dadurch, dass wir unsere Seelen vereinigen mit der anthroposophischen Geisteserfassung, in einer gewissen Beziehung zu Wächtern über ganz bestimmte, bedeutungsvolle Entwicklungsvorgänge der Menschheit geworden.

Menschen, die sonst nach der einen oder anderen Weltanschauung hinstreben, sind ja in der Regel überzeugt, dass Gedanken, Vorstellungen, außer dem, was sie in ihren menschlichen Seelen sind, nicht noch etwas anderes im Weltenzusammenhange sind, sondern Menschen mit solchen Weltanschauungen glauben: Gedanken, Vorstellungen als Ideale werden sich eben in die Welt so einleben, wie es dem Menschen, insofern er sinnenfällige Taten nur vollbringt, gelingt, sie in der Welt zur Geltung zu bringen. Anthroposophische Gesinnung setzt voraus, dass wir uns klar darüber sind, dass unsere Gedanken und Vorstellungen, um sich zu verwirklichen, noch andere Wege finden müssen, als dasjenige ist, was durch unsere sinnenfälligen Taten, durch unsere Taten in der Sinneswelt geschieht. In der

Erkenntnis dieser Lebensnotwendigkeit liegt schon die Aufforderung, dass der Anthroposoph in einer gewissen Weise sich beteiligen müsse an dem Wachen über die Zeichen der Zeit. Es geschieht in der Weltentwicklung gar manches; dem Menschen, insbesondere dem Menschen unseres Zeitalters obliegt es, sich wirkliches Verständnis zu verschaffen von dem, was in der Weltentwicklung, in die er selbst hineingestellt worden ist, geschieht.

Mit Bezug auf den einzelnen Menschen weiß jeder, dass man seine Entwicklung berücksichtigen muss, nicht bloß die äußeren Tatsachen, die um ihn herum sind. Bedenken Sie nur einmal, ich möchte sagen, ganz grob gedacht: Die äußeren sinnenfälligen Tatsachen, die jetzt geschehen, die sind rundherum um die Menschen, die fünf Jahre, zehn Jahre, zwanzig Jahre, dreißig Jahre, fünfzig Jahre, die siebzig Jahre alt sind. Dennoch wird kein einziger Mensch, der vernünftig ist, verlangen, dass man dasselbe Verhältnis des Menschen zu den Tatsachen bei den Fünfjährigen, bei den Zehnjährigen, bei den Zwanzigjährigen, bei den Fünfzigjährigen, bei den Siebzigjährigen herstellen soll. Wie die Menschen sich verhalten sollen zu der äußeren Umgebung, das kann nur bestimmt werden, wenn man auf die Entwicklung des Menschen selbst Rücksicht nimmt. Beim einzelnen Menschen wird das jeder zugeben. Aber so wie der einzelne Mensch einer ganz bestimmten Entwicklung unterliegt, wie er gewissermaßen eine andere Art von Kräften hat als Kind, in der Mitte des Lebens, als Greis, so hat die Menschheit im Lauf ihrer Entwicklung auch immer andere und andere Kräfte, und man steht gewissermaßen nur schlafend in der Weltentwicklung drinnen, wenn man nicht beachtet, dass die Menschheit in ihrem Wesen etwas anderes ist im 20. Jahrhundert, als sie im 15. Jahrhundert war oder gar in der Zeit des Mysteriums von Golgatha oder vorher. Es gehört zu den größten Mängeln und Verirrungen und Verwirrungen gerade unserer Zeit, dass man das, was ich eben gesagt habe, nicht beachten will, dass man der Meinung ist, man könne von dem Menschen oder von der Menschheit im Allgemeinen ganz abstrakt sprechen und müsse nicht wissen, dass diese Menschheit einer Entwicklung unterworfen ist.

Nun frägt es sich: Wie kommt man genauer zu einer Einsicht in diese Dinge? – Sie wissen, ein Wichtiges über diese Entwicklung haben wir ja oftmals besprochen. In der griechisch-lateinischen Zeit, vom 8. vorchristlichen Jahrhundert bis ungefähr ins 15. Jahrhundert der christlichen Zeitrechnung herein, da rechnen wir mit dem sogenannten Kulturzeitalter der Verstandes- oder Gemütsseele, und seit dem 15. Jahrhundert rechnen wir mit dem Kulturzeitalter der Bewusstseinsseele. Damit haben wir ein Wesentliches charakterisiert in der Entwicklung der Menschheit, gerade insofern es unsere Zeit betrifft. Wir wissen dadurch, dass die hauptsächlichste Kraft, auf welche gerechnet wird in der Menschheitsentwicklung vom 15. Jahrhundert bis in das 4. Jahrtausend hinein, bis zu dem Anfang des 4. Jahrtausends, die Bewusstseinsseele ist. Aber man darf in der Geisteswissenschaft, in der wirklichen Geisteswissenschaft nirgends bei Allgemeinheiten und Abstraktionen stehen bleiben; man muss überall sehen, konkrete Tatsachen zu erfassen. Die Abstraktionen nützen einem höchstens, wenn man neugierig ist in einem sehr gewöhnlichen Sinne. Will man Geisteswissenschaft zum Lebensinhalt, zur Lebenskraft machen, so muss man ernster sein als neugierig, so muss man nicht bei solchen Abstraktionen stehen bleiben, wie ich sie eben ausgesprochen habe. Dass wir im Zeitalter der Bewusstseinsseele leben, dass vorzugsweise auf die Ausbildung der Bewusstseinsseele gerechnet wird, das ist ganz richtig, das ist außerordentlich wichtig auch, aber man darf nicht dabei stehen bleiben.

Wollen wir nun zu einer bestimmten Anschauung über die Dinge kommen, so müssen wir vor allen Dingen einmal etwas genauer auf das Wesen des Menschen selber hinsehen. So wie wir Menschen sind, gliedern wir uns im geisteswissenschaftlichen Sinne, wenn wir gewissermaßen von oben heruntersteigen, in das Ich, in den astralischen Leib, in den Ätherleib, den ich in neuerer Zeit auch den Bildekräfteleib genannt habe, und den physischen Leib. Von diesen Gliedern der menschlichen Natur ist eigentlich nur das Ich dasjenige, in dem wir seelisch-geistig zunächst leben und weben. Das Ich ist uns ja auch durch unsere Erdenentwicklung und die sie dirigierenden Geister der Form gegeben. Alles im Grunde, was in unser Bewusstsein eintritt, tritt durch unser Ich in unser Bewusstsein ein. Und wenn das Ich nicht sich so entfaltet, dass es in Verbindung stehen kann – wenn auch durch die Leiber – mit der äußeren Welt, so haben wir ebenso wenig Bewusstsein wie vom Einschlafen bis zum Aufwachen. Das Ich ist dasjenige, was uns mit unserer Umgebung verbindet. Der astralische Leib ist uns durch die unserer Erdenentwicklung vorangehende Mondenentwicklung zugeteilt worden, unser Ätherleib durch die weiter vorangehende Sonnenentwicklung, der physische Leib seiner ersten Anlage nach durch die Saturnentwicklung.

Aber wenn Sie die Schilderung dieser Leiber in der «Geheimwissenschaft im Umriss» durchgehen, da werden Sie sehen, in welch komplizierter Weise dies zustande gekommen ist, was heute der Mensch ist in seiner Zusammenfügung aus den vier charakterisierten Gliedern. Sehen wir nicht aus den Tatsachen, die uns die «Geheimwissenschaft» überliefert, dass an dieser Gliederung in die drei Hüllen des Menschenwesens Geister aller möglichen Hierarchien mitgewirkt haben? Sehen wir nicht, dass dasjenige, was uns als physischer Leib, als Ätherleib, als astralischer Leib umhüllt, sehr, sehr komplizierter Natur ist? Aber nicht nur, dass diese Hierarchien mitgearbeitet haben an dem Zustandekommen unserer Hüllen, sie arbeiten noch immer darinnen. Und der versteht den Menschen nicht, der glaubt, dass dieser Mensch bloß die Zusammenfügung ist von Knochen, Blut, Fleisch und so weiter, von denen uns die gewöhnliche Naturwissenschaft, die Physiologie oder Biologie oder Anatomie erzählen.

Nähert man sich der Wirklichkeit dieses menschlichen Hüllenwesens, sieht man dieses menschliche Hüllenwesen in seiner Wahrheit, dann sieht man, wie ineinanderarbeiten, planvoll, weisheitsvoll ineinanderarbeiten in alle dem, was in unseren Leibeshüllen ohne unser Bewusstsein vorgeht, geistige Wesenheiten der höheren Hierarchien. Sie können aus den, ich möchte sagen, skizzenhaft gehaltenen Umrissen, die ich in meiner «Geheimwissenschaft» gegeben habe über das Zusammenwirken der einzelnen Geister der höheren Hierarchien, damit der Mensch zustande komme, entnehmen, wie kompliziert sich diese Sache im Einzelnen ausnehmen muss. Aber dennoch: Will man den Menschen verstehen, so muss man auch diesen Dingen immer mehr im Einzelnen, immer mehr im Konkreten beikommen.

Nun ist es ungeheuer schwierig, auf diesem Felde eine konkrete Frage auch nur ins Auge zu fassen. Sie sind ungeheuer kompliziert, diese konkreten Fragen.

Denken Sie einmal, dass jemand fragen wollte: Was tut im gegenwärtigen Entwicklungszyklus der Menschheit, im Jahre 1918, in dem menschlichen Ätherleib, nun, sagen wir die Hierarchie der Seraphim oder der Dynameis? – Denn diese Frage kann man ebenso aufwerfen, wie man aufwerfen kann die Frage, ob es, sagen wir, in Lugano jetzt regnet oder nicht. Allerdings wird man das eine wie das andere ebenso wenig durch ein bloßes Nachdenken oder eine bloße Theorie herausbekommen, sondern dadurch, dass man an die Tatsachen herantritt. Wie man sich erkundigen muss, meinetwillen durch ein Telegramm oder einen Brief oder dergleichen, ob es jetzt in Lugano regnet oder nicht, so muss man auch durch wirkliches Eindringen in die Tatsachen sich über so etwas erkundigen, wie: Was haben gerade die Geister der Weisheit oder die Throne im gegenwärtigen Menschheitszeitalter für eine Aufgabe, sagen wir im menschlichen Ätherleib? – Aber nun ist eine solche Frage wie die gerade aufgeworfene von einer außerordentlichen Kompliziertheit, und wir können uns gewissermaßen nur immer nähern solchen Gebieten, auf denen solche Fragen wachsen. Es ist wirklich eigentlich auf diesem Gebiete dafür gesorgt, dass dem Menschen seine Schwingen nicht in den Himmel hineinwachsen und er übermütig und stolz wird, wenn er nach wirklicher Erkenntnis strebt.

Gewissermaßen die nächsten Wesenheiten, die uns unmittelbar etwas angehen, sind diejenigen, über die wir klar sehen können. Aber über die sollen wir auch klar sehen, wenn wir nicht schlafen wollen in Bezug auf das Hineingestelltsein in die menschliche Entwicklung. Und so will ich Ihnen von einer Frage sprechen, die nicht so vage, nicht so unbestimmt ist – obwohl sie sehr konkret ist – wie diese Frage: Was machen die Dynameis oder die Throne in unserem Ätherleib? Ich will Ihnen eine andere Frage sagen, die nicht so vage, nicht so unbestimmt ist, sondern sogar den Menschen der Gegenwart angehen soll. Diese Frage ist: Was machen die allernächst an dem Menschen tätigen Wesen der Angeloi im gegenwärtigen Menschheitszeitalter innerhalb des Astralleibes?

Der Astralleib liegt unserem Menschen-Ich, wenn wir in unser inneres Wesen schauen, am nächsten. Es ist also zu hoffen, dass die Beantwortung der eben gestellten Frage uns recht viel angehen könnte. Die Angeloi sind die nächste Hierarchie über der Menschenhierarchie selber. Also wir stellen eine bescheidene Frage, und wir werden nachher sehen, dass die Beantwortung dieser Frage: Was machen gerade jetzt in unserem Lebensalter der Menschheit, die das 20. Jahrhundert durchläuft, in diesem Lebensalter der Menschheit, das begonnen hat im 15. Jahrhundert und bis in den Beginn des 4. Jahrtausends dauern wird, was machen die Angeloi in dem menschlichen astralischen Leibe?, für uns sehr wichtig sein wird.

Nun, was kann man denn überhaupt darüber sagen, wie sich eine solche Frage beantworten lässt? Man kann nur sagen: Geistesforschung, wenn sie ernsthaft getrieben wird, ist nicht eine Spielerei mit Vorstellungen oder eine Spielerei mit Worten, sondern sie arbeitet wirklich hinein in die Gebiete, wo die geistige Welt anschaulich wird. Und so etwas Nächstliegendes kann eben angeschaut werden. – Aber es kann eigentlich diese Frage fruchtbar nur beantwortet werden im Zeitalter der Bewusstseinsseele selbst.

Sie könnten sich denken: Würde in anderen Zeitaltern diese Frage haben aufgeworfen werden können und beantwortet werden sollen, so würde wahrscheinlich Antwort da [gewesen] sein. – Aber weder im Zeitalter des atavistischen Hellsehens noch im Zeitalter der griechisch-lateinischen Kultur konnte diese Frage beantwortet werden, aus dem Grunde nicht, weil die Bilder, die man im atavistischen Hellsehen in der Seele bekommen hat, die Beobachtungen über die Taten der Engel in unserem astralischen Leibe verdunkelten. Da war nichts zu sehen, gerade dadurch, dass man die Bilder hatte, die das atavistische Hellsehen gab. Und im griechisch-lateinischen Zeitalter war das Denken noch nicht so stark, wie es jetzt ist. Das Denken hat schon eine Verstärkung erfahren, gerade durch das naturwissenschaftliche Zeitalter eine Verstärkung erfahren, sodass das Zeitalter der Bewusstseinsseele dasjenige ist, in dem bewusst auch eingedrungen werden kann in eine solche Frage wie die eben aufgestellte. Darinnen muss sich gerade die Fruchtbarkeit unserer Geisteswissenschaft für das Leben zeigen, dass wir nicht bloß mit Theorien abspeisen, sondern dass wir Dinge zu sagen wissen, die für das Leben eine eingreifende Bedeutung haben.

Was tun die Engel in unserem astralischen Leibe? Wir können nur dann uns überzeugen, was sie da tun, wenn wir bis zu einem gewissen Grade hellsichtiger Beobachtung aufsteigen, sodass wir sehen, was in unserem astralischen Leibe drinnen sich abspielt. Also bis zu einem gewissen Grade wenigstens der imaginativen Erkenntnis muss aufgestiegen werden, wenn die angedeutete Frage beantwortet werden soll. Dann zeigt sich, dass diese Wesenheiten aus der Hierarchie der Angeloi – und in gewisser Weise jeder Einzelne der Angeloi, der für jeden Menschen gewissermaßen seine Aufgabe hat, aber auch namentlich durch ihr Zusammenwirken – Bilder im menschlichen astralischen Leibe formen. Unter der Anleitung der Geister der Form formen sie

Bilder. Wenn man nicht aufsteigt zur imaginativen Erkenntnis, so weiß man nicht, dass fortwährend in unserem Astralleib Bilder geformt werden. Sie entstehen und vergehen, diese Bilder. Würden diese Bilder nicht geformt, so gäbe es keine Entwicklung der Menschheit in die Zukunft hinein, die den Absichten der Geister der Form entspricht. Was die Geister der Form mit uns bis zum Ende der Erdenentwicklung weiter erreichen wollen, das müssen sie zuerst in Bildern entwickeln, und aus diesen Bildern wird dann später die umgestaltete Menschheit, die Wirklichkeit. Und diese Bilder in unserem astralischen Leibe formen heute schon die Geister der Form durch die Engel. Die Engel formen im menschlichen astralischen Leib Bilder, Bilder, die man mit dem zur Hellsichtigkeit entwickelten Denken erreichen kann. Und man kann diese Bilder, welche die Engel in unserem astralischen Leibe formen, verfolgen. Dann zeigt sich, dass diese Bilder nach ganz bestimmten Impulsen, nach ganz bestimmten Prinzipien geformt werden. Und zwar so werden sie geformt, dass in der Art, wie diese Bilder entstehen, gewissermaßen Kräfte für die zukünftige Entwicklung der Menschheit liegen. Wenn man – so sonderbar es klingt, man muss das so ausdrücken – die Engel bei dieser ihrer Arbeit betrachtet, so haben diese Engel bei dieser ihrer Arbeit eine ganz bestimmte Absicht für die künftige soziale Gestaltung des Menschenlebens auf Erden, und sie wollen solche Bilder in den menschlichen astralischen Leibern erzeugen, welche ganz bestimmte soziale Zustände im menschlichen Zusammenleben der Zukunft herbeiführen.

Die Menschen können sich sträuben, anzuerkennen, dass Engel in ihnen Zukunftsideale auslösen wollen, aber es ist doch so. Und zwar wirkt ein ganz bestimmter Grundsatz bei dieser Bilderformung der Angeloi. Es wirkt der Grundsatz, dass in der Zukunft kein Mensch Ruhe haben soll im Genusse von Glück, wenn andere neben ihm unglücklich sind. Es herrscht ein gewisser Impuls absolutester Brüderlichkeit, absolutester Vereinheitlichung des Menschengeschlechtes, richtig verstandener Brüderlichkeit mit Bezug auf die sozialen Zustände im physischen Leben. Das ist das eine, der eine Gesichtspunkt, nach dem wir sehen, dass die Angeloi die Bilder im menschlichen astralischen Leibe formen.

Aber es gibt noch einen zweiten Impuls, unter dessen Gesichtspunkt diese Angeloi formen; das ist: Sie verfolgen nicht nur gewisse Absichten mit Bezug auf das äußere soziale Leben, sondern sie verfolgen auch gewisse Absichten mit Bezug auf die menschliche Seele, auf das seelische Leben der Menschen. Mit Bezug auf das seelische Leben der Menschen, da verfolgen sie durch ihre Bilder, die sie dem astralischen Leibe einprägen, das Ziel, dass in der Zukunft jeder Mensch in jedem Menschen ein verborgenes Göttliches sehen soll.

Also wohlgemerkt: Anders soll es werden nach der Absicht, die in der Arbeit der Angeloi liegt. Es soll werden so, dass wir nicht den Menschen gewissermaßen wie ein höherentwickeltes Tier nur seinen physischen Qualitäten nach betrachten, weder in der Theorie noch in der Praxis, sondern dass wir jedem Menschen entgegentreten mit dem voll ausgebildeten Gefühl: In dem Menschen erscheint etwas, was aus den göttlichen Weltengründen heraus sich offenbart, durch Fleisch und Blut sich offenbart. – Den Menschen zu erfassen als Bild, das sich aus der geistigen Welt heraus offenbart, so ernst als möglich, so stark als möglich, so verständnisvoll als möglich, das wird in die Bilder durch die Angeloi gelegt.

Das wird einmal, wenn es verwirklicht wird, eine ganz bestimmte Folge haben. Alle freie Religiosität, die sich in der Zukunft innerhalb der Menschheit entwickeln wird, wird darauf beruhen, dass in jedem Menschen das Ebenbild der Gottheit wirklich in unmittelbarer Lebenspraxis, nicht bloß in der Theorie, anerkannt werde. Dann wird es keinen Religionszwang geben können, dann wird es keinen Religionszwang zu geben brauchen, denn dann wird die Begegnung jedes Menschen mit jedem Menschen von vornherein eine religiöse Handlung, ein Sakrament sein, und niemand wird durch eine besondere Kirche, die äußere Einrichtungen auf dem physischen Plan hat, nötig haben, das religiöse Leben aufrechtzuerhalten. Die Kirche kann, wenn sie sich selber richtig versteht, nur die eine Absicht haben, sich unnötig zu machen auf dem physischen Plane, indem das ganze Leben zum Ausdruck des Übersinnlichen gemacht wird.

Das liegt wenigstens den Impulsen der Arbeit der Engel zugrunde: vollständige Freiheit des religiösen Lebens über die Menschen hin auszugießen. Und ein Drittes liegt zugrunde: den Menschen die Möglichkeit zu geben, durch das Denken zum Geist zu gelangen, durch das Denken über den Abgrund hinweg zum Erleben im Geistigen zu kommen. Geisteswissenschaft für den Geist, Religionsfreiheit für die Seele, Brüderlichkeit für die Leiber, das tönt wie eine Weltenmusik durch die Arbeit der Engel in den menschlichen astralischen Leibern. Man braucht, möchte ich sagen, nur sein Bewusstsein bis zu einer gewissen anderen Schichte hinaufzuheben, dann fühlt man sich hineinversetzt in diese wunderbare Arbeitsstätte der Angeloi in dem menschlichen astralischen Leibe.

Nun ist es so, dass wir im Zeitalter der Bewusstseinsseele leben, und in diesem Zeitalter der Bewusstseinsseele tun die Angeloi im menschlichen astralischen Leibe das, was ich eben erzählt habe. Die Menschen sollen nach und nach bewusst zum Erfassen dessen kommen, was ich eben erzählt habe. Das gehört in die menschliche Entwicklung hinein. Wie kommt man denn überhaupt dazu, so etwas zu sagen, wie das, was ich jetzt eben ausgesprochen habe? Wo findet man gewissermaßen diese Arbeit? Nun, heute findet man sie noch in dem schlafenden Menschen. Man findet sie in den Schlafzuständen der Menschen vom Einschlafen bis zum Aufwachen. Man findet sie auch in den wachenden Schlafzuständen. Ich habe oft davon gesprochen, wie die Menschen, trotzdem sie wach sind, in den wichtigsten Angelegenheiten eigentlich ihr Leben verschlafen. Und ich kann Ihnen die allerdings nicht sehr erfreuliche Versicherung geben, dass man wirklich, wenn man bewusst durchs Leben geht, heute viele, viele schlafende Menschen findet. Sie lassen geschehen, was in der Welt geschieht, ohne sich dafür zu interessieren, ohne sich darum zu bekümmern, ohne sich damit zu verbinden. Dasjenige, was vorbeigeht an großen Weltereignissen, das geht an den Menschen oftmals so vorbei, wie dasjenige, was sich in der Stadt abspielt, vor einem Schlafenden vorbeigeht, trotzdem die Leute scheinbar wach sind. Dann aber, wenn die Menschen gerade wachend so etwas Besonderes verschlafen, dann zeigt sich, wie in ihren astralischen Leibern – ganz unabhängig von dem, was sie wissen wollen oder nicht wissen wollen – diese wichtige Arbeit der Angeloi sich abspielt, von der ich gesprochen habe.

Solche Dinge spielen sich vielfach ab in einer Weise, die den Menschen recht rätselvoll, recht paradox erscheinen muss. Da hält man manchen für ganz unwürdig, das oder jenes an Verbindungen mit der geistigen Welt einzugehen. Aber in Wahrheit ist der Betreffende nichts anderes als zunächst in dieser Inkarnation eine furchtbare Schlafmütze, die alles verschläft, was um ihn herum vorgeht; in seinem astralischen Leib aber arbeitet der Engel aus der Gemeinschaft der Engel heraus an der Zukunft der Menschheit. Der astralische Leib wird trotzdem benutzt, und man kann an seinem astralischen Leib so etwas beobachten. Aber darauf kommt es an, dass so etwas sich gerade hereindrängt in das menschliche Bewusstsein. Die Bewusstseinsseele muss erhoben werden zu der Anerkennung desjenigen, was nur auf diese Weise gefunden werden kann.

Indem wir diese Voraussetzungen gemacht haben, werden Sie begreifen, wenn ich Sie nun aufmerksam mache darauf, dass eben dieses Zeitalter der Bewusstseinsseele zudrängt einem ganz bestimmten Ereignisse und dass es, weil wir es mit der Bewusstseinsseele zu tun haben, von den Menschen abhängen wird, wie dieses Ereignis sich in der Menschheitsentwicklung vollzieht. Das Ereignis kann um ein Jahrhundert früher oder später kommen, aber eigentlich müsste es in das Gebiet der Menschheitsentwicklung hereinkommen. Und dieses Ereignis kann man eben so charakterisieren, dass man sagt: Die Menschen müssen rein durch ihre Bewusstseinsseele, durch ihr bewusstes Denken dazu kommen, dass sie schauen, wie es die Engel machen, um die Zukunft der Menschheit vorzubereiten. – Dasjenige, was Geisteswissenschaft auf diesem Gebiete lehrt, muss praktische Lebensweisheit der Menschheit werden, solche praktische Lebensweisheit, dass die Menschen die feste Überzeugung haben können: es ist ihr eigenes Weisheitsgut, indem sie anerkennen, dass die Engel dies wollen, was ich charakterisiert habe.

Nun ist aber das Menschengeschlecht in Bezug auf die Annäherung zu seiner Freiheit so weit fortgeschritten, dass es von dem Menschengeschlecht schon selber abhängt, ob es das betreffende Ereignis verschlafen oder mit voller Bewusstheit ihm entgegengehen will. Was würde es heißen: ihm mit voller Bewusstheit entgegengehen? Mit voller Bewusstheit ihm entgegengehen, heißt das Folgende: Man kann heute Geisteswissenschaft studieren, sie ist da, man braucht wahrhaftig nicht einmal etwas anderes zu tun, als Geisteswissenschaft zu studieren. Wenn man außerdem noch allerlei Meditationen macht, wenn man berücksichtigt dasjenige, was an praktischen Anleitungen durch so etwas gegeben ist wie in «Wie erlangt man Erkenntnisse der höheren Welten?», so unterstützt man die Sache weiter. Aber das Nötige geschieht schon, wenn man nur Geisteswissenschaft studiert und richtig bewusst versteht. Man kann, ohne hellseherische Fähigkeiten sich anzueignen, Geisteswissenschaft heute studieren; jeder Mensch kann es, der sich nicht selber Vorurteile in den Weg legt. Und wenn die Menschen immer mehr und mehr Geisteswissenschaft studieren, wenn sie sich die Begriffe und Ideen aneignen, die in der Geisteswissenschaft gegeben sind, dann werden sie in ihrem Bewusstsein so weit erwachen, dass gewisse Ereignisse eben nicht verschlafen werden, sondern bewusst vorübergehen.

Und diese Ereignisse, wir können sie noch genauer charakterisieren. Denn im Grunde ist, dass wir wissen, was der Engel tut, nur die Vorbereitung. Die Hauptsache ist, dass eben in einem bestimmten Zeitpunkte ein Dreifaches eintreten wird. Wie gesagt, je nachdem sich die Menschen verhalten, wird der Zeitpunkt früher oder später oder im allerschlimmsten Falle gar nicht eintreten. Aber dasjenige, was eintreten soll, ist eben das, dass der Menschheit durch ihre Engelwelt ein Dreifaches gezeigt wird. Erstens wird gezeigt, wie man wirklich die tiefere Seite der Menschennatur mit seinem unmittelbarsten menschlichen Interesse erfassen kann. Ja, es wird ein Zeitpunkt kommen, den die Menschen nicht verschlafen sollen, wo die Menschen einen anregenden Impuls aus der geistigen Welt heraus durch ihren Engel empfangen werden, der dahin gehen wird, dass wir ein viel tieferes Interesse an jedem Menschen haben werden, als wir geneigt sind, heute zu haben. Diese Erhöhung des Interesses an unserem Mitmenschen soll sich nicht bloß etwa so subjektiv entwickeln, wie dies die Menschen so bequem in sich entwickeln, sondern mit einem Ruck, indem tatsächlich dem Menschen eingeflößt wird von spiritueller Seite ein gewisses Geheimnis, was der andere Mensch ist. Ich meine damit etwas ganz, ganz Konkretes, nicht irgendwelche theoretische Erwägung, sondern: Die Menschen erfahren etwas, was sie an jedem Menschen interessieren kann.

Das ist das eine, und das wird das soziale Leben ganz besonders erringen. Und das Zweite wird sein, dass von der geistigen Welt aus der Engel unwiderleglich dem Menschen zeigen wird, dass der Christus-Impuls außer allem Übrigen auch völlige Religionsfreiheit für die Menschen bedingt, dass nur das das rechte Christentum ist, welches absolute Religionsfreiheit möglich macht. Und das Dritte ist eben die unwiderlegliche Einsicht in die geistige Natur der Welt.

Dieses Ereignis, wie gesagt, es soll so eintreten, dass die Bewusstseinsseele des Menschen ein gewisses Verhältnis dazu erhält. Das steht einmal der Menschheit in ihrer Entwicklung bevor. Denn darauf arbeitet der

Engel durch seine Bilder im menschlichen astralischen Leibe hin. Nun mache ich Sie aber darauf aufmerksam, dass dieses Ereignis, das da bevorsteht, schon in den menschlichen Willen gestellt ist. Die Menschen können ja manches unterlassen. Und viele unterlassen heute noch vieles, was hinführen soll zum wachenden Erleben des angedeuteten Zeitpunktes.

Nun gibt es aber, wie Sie wissen, andere Wesen in der Weltentwicklung, die ein Interesse daran haben, den Menschen aus seiner Bahn hinauszubringen: Das sind die ahrimanischen und die luziferischen Wesenheiten. Das, was ich eben gesagt habe, liegt in der göttlichen Entwicklung des Menschen. Es müsste eigentlich der Mensch, wenn er sich so recht seiner eigenen Natur überließe, zu der Anschauung desjenigen kommen, was der Engel in seinem astralischen Leibe entfaltet. Aber die luziferische Entwicklung, sie geht dahin, den Menschen abzudrängen von der Einsicht in die Arbeit der Angelos-Hierarchie. Und diese luziferischen Wesen, sie machen es in folgender Weise, um den Menschen abzudrängen: Sie machen es so, dass sie den freien Willen des Menschen hemmen. Sie versuchen, dem Menschen Dunkelheit zu geben über die Praxis seines freien Willens, indem sie ihn zwar zu einem guten Wesen machen – Luzifer will von diesem Gesichtspunkte aus, den ich jetzt berühre, beim Menschen eigentlich das Gute, das Geistige, aber er will ihn automatisch machen, ohne freien Willen; es soll der Mensch ins Hellsehen nach guten Prinzipien hineinversetzt werden, aber gewissermaßen automatisch. Die luziferischen Wesenheiten wollen dem Menschen seinen freien Willen, die Möglichkeit zum Bösen, nehmen. Sie wollen ihn so machen, dass er zwar aus dem Geiste heraus, aber wie ein geistiges Abbild handelt, nämlich ohne freien Willen. Automatisch wollen sie ihn machen, die luziferischen Wesen.

Das hängt mit ganz gewissen Geheimnissen der Entwicklung zusammen. Die luziferischen Wesen, Sie wissen es, sind auf anderen Entwicklungsstufen stehen gebliebene Wesenheiten, die Fremdartiges in die normale Entwicklung hereinbringen. Diese luziferischen Wesen haben ein hohes Interesse daran, den Menschen so zu ergreifen, dass er nicht zum freien Willen kommt, weil sie selbst den freien Willen sich nicht errungen haben. Der freie Wille kann nur auf der Erde errungen werden. Aber sie wollen mit der Erde nichts zu tun haben, sie wollen nur Saturn-, Sonnen-, Mondenentwicklung und da stehen bleiben, nichts mit der Erdenentwicklung zu tun haben. Sie hassen gewissermaßen den freien Willen des Menschen. Sie handeln hochgeistig, aber sie handeln automatisch – das ist außerordentlich bedeutsam –, und sie wollen zu ihrer Höhe, zu ihrer geistigen Höhe den Menschen erheben. Sie wollen ihn automatisch machen; geistig, aber automatisch. Dadurch würde auf der einen Seite die Gefahr erzeugt, dass der Mensch, wenn er zu früh, bevor seine volle Bewusstseinsseele funktioniert, zum geistig automatisch handelnden Wesen wird, jene Offenbarung verschläft, die kommen soll und die ich eben charakterisiert habe.

Aber auch die ahrimanischen Wesen arbeiten dieser Offenbarung entgegen. Sie streben nicht danach, den Menschen besonders geistig zu machen, aber sie streben danach, in dem Menschen das Bewusstsein seiner Geistigkeit zu ertöten. Sie streben danach, dem Menschen die Anschauung beizubringen, dass er eigentlich nur ein vollkommen ausgebildetes Tier ist. Ahriman ist in Wahrheit der große Lehrer des materialistischen Darwinismus. Ahriman ist auch der große Lehrer all der-

jenigen technischen und praktischen Betätigung innerhalb der Erdenentwicklung, die nichts gelten lassen will
als das äußere sinnenfällige menschliche Leben, die nur
eine ausgebreitete Technik haben will, damit in raffi-
nierterer Weise der Mensch dieselben Ess- und Trink-
bedürfnisse und sonstigen Bedürfnisse befriedigt, die
auch das Tier befriedigt. In dem Menschen ertöten,
verdunkeln das Bewusstsein, dass er ein Abbild der
Gottheit ist, das streben für die Bewusstseinsseele durch
allerlei raffinierte wissenschaftliche Mittel die ahrimanischen Geister in unserer Zeit an.

In früheren Zeitaltern würde es den ahrimanischen
Geistern nichts genützt haben, durch Theorien den
Menschen die Wahrheit in dieser Weise zu verdunkeln.
Warum? Noch während des griechisch-lateinischen Zeitalters, aber noch mehr in dem älteren Zeitalter, in dem
der Mensch noch das atavistische Hellsehen, die Bilder
hatte, da war es ganz gleichgültig, wie der Mensch
dachte. Da hatte er seine Bilder. Durch seine Bilder sah
er in die geistige Welt hinein. Was ihm Ahriman bei-
gebracht hätte über seine Beziehung zu den Tieren, das
würde gar keine Bedeutung gehabt haben für seine
Lebenshaltung. Das Denken ist erst mächtig geworden –
in seiner Ohnmacht mächtig geworden, könnte man
sagen – in unserem fünften nachatlantischen Zeitalter,
seit dem 15. Jahrhundert. Erst seit jener Zeit ist das Denken geeignet, die Bewusstseinsseele hineinzubringen in
das geistige Gebiet, damit aber auch, sie zu verhindern,
hineinzukommen in die geistige Welt. Erst jetzt erleben
wir die Zeit, wo eine Theorie durch Wissenschaft auf
bewusste Weise dem Menschen seine Göttlichkeit und
die Erfahrungen über das Göttliche raubt. Das ist eben
nur im Zeitalter der Bewusstseinsseele möglich. Daher
streben die ahrimanischen Geister an, solche Lehren

über den Menschen zu verbreiten, die den göttlichen Ursprung des Menschen verdunkeln.

Aus der Anführung dieser der normal-göttlichen Entwicklung des Menschen entgegenstrebenden Strömungen kann man entnehmen, wie man sich einrichten muss im Leben, damit man eben das, wovon gesprochen worden ist, was da kommen soll als eine Offenbarung in die Menschenentwicklung, nicht verschlafe. Sonst entsteht eine große Gefahr. Und der Mensch muss aufmerksam sein auf diese Gefahr, sonst wird statt des bedeutungsvollen Ereignisses, das mächtig eingreifen soll in die zukünftige Gestaltung der Erdenentwicklung, dasjenige eintreten, was recht gefährlich werden kann dieser Erdenentwicklung.

Sehen Sie, gewisse geistige Wesenheiten erlangen ja ihre Entwicklung durch den Menschen, indem sich der Mensch mitentwickelt. Die Engel, die in dem menschlichen astralischen Leibe ihre Bilder entwickeln, entwickeln diese Bilder natürlich nicht als Spiel, sondern damit etwas erreicht wird. Da aber das, was erreicht werden soll, gerade innerhalb der Erdenmenschheit erreicht werden soll, so würde ja die ganze Geschichte zum Spiel, wenn die Menschen, nachdem sie die Bewusstseinsseele erlangt haben, bewusst die ganze Sache außer Acht ließen. Es würde das Ganze zum Spiel! Die Engel würden nur ein Spiel treiben in der Entwicklung des astralischen Leibes des Menschen. Nur dadurch, dass das sich in der Menschheit verwirklicht, dadurch ist es kein Spiel, sondern Ernst. Daraus aber werden Sie entnehmen können, dass die Arbeit der Engel unter allen Umständen ernst bleiben muss. Bedenken Sie, was das wäre hinter den Kulissen des Daseins, wenn die Menschen einfach durch ihre Schlafmützigkeit die Arbeit der Engel zum Spiel machen könnten!

Und wenn das nun doch geschähe, wenn doch die Erdenmenschheit dabei beharren würde, das wichtige geistige Offenbarungsereignis der Zukunft zu verschlafen? Wenn die Menschen zum Beispiel den mittleren Teil – die auf die Religionsfreiheit bezügliche Sache – verschlafen würden, wenn sie die Wiederholung des Mysteriums von Golgatha auf dem Ätherplane, von der ich oft gesprochen habe, die Wiedererscheinung des ätherischen Christus, wenn sie das verschlafen würden, oder die anderen Dinge verschlafen würden, dann müsste dasjenige, was mit den Bildern im astralischen Leibe des Menschen erreicht werden soll, auf einem anderen Wege von den Engeln angestrebt werden. Und das, was die Menschen in ihrem Astralleibe nicht erreichen lassen, indem sie wach werden, das würde in diesem Falle angestrebt dadurch, dass die Engel ihre Absichten verwirklichen durch die schlafenden Menschenleiber. Also dasjenige, was die Menschen verschlafen würden im Wachzustande und die Engel dadurch nicht erreichen können, das würde erreicht werden mithilfe der in dem Bette liegen bleibenden menschlichen physischen Leiber und Ätherleiber während des Schlafens. Dort würden die Kräfte gesucht werden, um das zu erreichen. Was mit den wachen Menschen, wenn die wachen Seelen in dem Ätherleib und in dem physischen Leib drinnen sind, sich nicht erreichen lässt, das wird mit den schlafenden Ätherleibern und physischen Leibern erreicht, wenn die Menschen, die wachen sollten, dann schlafend heraußen sind mit ihrem Ich und ihrem astralischen Leibe.

Das ist die große Gefahr für das Bewusstseinszeitalter. Das ist dasjenige Ereignis, welches sich noch vollziehen könnte, wenn die Menschen sich nicht zu dem geistigen Leben hinwenden wollten, vor dem Beginne des 3. Jahrtausends. Wir stehen nur noch eine kurze Zeit entfernt vor dem Beginne des 3. Jahrtausends. Es beginnt ja das 3. Jahrtausend bekanntlich mit dem Jahre 2000. Es könnte sich noch vollziehen, dass, statt mit dem wachenden Menschen, mit den schlafenden Leibern der Menschen das erreicht werden müsste, was erreicht werden soll für die Engel durch ihre Arbeit; dass die Engel ihre ganze Arbeit aus dem astralischen Leib des Menschen herausholen müssten, um sie unterzutauchen in den Ätherleib, damit sie sich verwirklichen könne. Aber der Mensch würde nicht drinnen sein! So müsste es sich im Ätherleib verwirklichen, wenn der Mensch nicht dabei ist, denn wenn der Mensch dabei wäre im wachen Zustande, so würde er das hindern.

Jetzt habe ich Ihnen die allgemeine Idee von der Sache entwickelt. Aber was würde denn damit eintreten, dass die Engel eine solche Arbeit, ohne dass der Mensch dabei ist, in den Ätherleibern und in den physischen Leibern der Menschen, während sie schlafen, verrichten müssten? Dadurch würde unweigerlich ein Dreifaches in der Menschenentwicklung eintreten. Erstens würde in den schlafenden Menschenleibern, während der Mensch eben schläft, ohne dass er mit seinem Ich und seinem astralischen Leib dabei ist, etwas erzeugt, was er dann findet nicht durch Freiheit, sondern was er vorfindet, wenn er morgens aufwacht. Immer findet er es dann vor. Es wird Instinkt statt Freiheitsbewusstsein, aber es wird dadurch schädlich. Und zwar drohen schädlich zu werden gewisse instinktive Erkenntnisse, die in die Menschennatur kommen sollen und die zusammenhängen mit dem Mysterium der Geburt und der Empfängnis, der Konzeption, mit dem ganzen sexuellen Leben, wenn die Gefahr eintreten sollte, von der ich gesprochen habe, durch gewisse

Engel, die dann selber eine gewisse Veränderung durchmachen würden, von der ich nicht sprechen kann, weil diese Veränderung zu jenen höheren Geheimnissen der Initiationswissenschaft gehört, von denen heute noch nicht gesprochen werden darf. Wohl aber kann man sagen: Was innerhalb der Menschheitsentwicklung geschieht, das würde darin bestehen, dass, statt in hellem, wachem Bewusstsein in nützlicher Weise, dann in schädlicher Weise, in zerstörerischer Weise gewisse Instinkte aus dem Sexualleben und Sexualwesen auftreten würden, Instinkte, die nicht bloß Verirrungen bedeuten würden, sondern die übergehen würden ins soziale Leben, die Gestaltungen hervorbringen würden im sozialen Leben; vor allen Dingen die Menschen veranlassen würden durch das, was dann in ihr Blut kommen würde infolge des Sexuallebens, jedenfalls nicht irgendwelche Brüderlichkeit auf der Erde zu entfalten, sondern sich immer aufzulehnen gegen die Brüderlichkeit. Das aber würde Instinkt sein.

Also es kommt der entscheidende Punkt, wo gewissermaßen nach rechts gegangen werden kann: Dann aber muss gewacht werden; oder nach links gegangen wird: Dann kann geschlafen werden; aber Instinkte treten dann auf, Instinkte, die grauenvoll sein werden. Was werden die Naturgelehrten dann sagen, wenn solche Instinkte auftauchen? Die Naturgelehrten werden sagen: Das ist eine Naturnotwendigkeit. Das musste so kommen, das liegt eben in der Menschheitsentwicklung.

Man kann durch Naturwissenschaft auf solche Dinge nicht aufmerksam machen, denn naturwissenschaftlich würde erklärbar sein, wenn die Menschen Engel werden, und würde es auch sein, wenn die Menschen Teufel werden. Über beides hat die Naturwissenschaft dasselbe zu sagen: Es ist das Folgende aus dem Früheren hervorgegangen – die große Weisheit der Kausal-Naturerklärungen! Die Naturwissenschaft wird nichts bemerken von dem Ereignis, von dem ich Ihnen gesagt habe, denn sie wird selbstverständlich, wenn die Menschen zu halben Teufeln werden durch ihre sexuellen Instinkte, das als eine Naturnotwendigkeit ansehen. Also naturwissenschaftlich kann die Sache gar nicht erklärt werden, denn, wie es auch kommt: Alles ist nach der Naturwissenschaft erklärlich. Solche Dinge sind eben nur im geistigen Erkennen, im übersinnlichen Erkennen durchschaubar.

Das ist das eine. Das Zweite ist, dass aus dieser Arbeit, aus dieser für die Engel Veränderungen hervorrufenden Arbeit noch ein Zweites für die Menschheit erfolgen wird: die instinktive Erkenntnis gewisser Heilmittel, aber eine schädliche Erkenntnis gewisser Heilmittel. Alles dasjenige, was mit Medizin zusammenhängt, wird eine ungeheure, im materialistischen Sinne ungeheure Förderung erfahren. Man wird instinktiv Einsichten bekommen in die Heilkraft gewisser Substanzen und gewisser Verrichtungen, und man wird ungeheuren Schaden anrichten dadurch, aber man wird den Schaden nützlich nennen. Man wird das Kranke gesund nennen, denn man wird sehen, dass man da in eine gewisse Verrichtung hineinkommt, die einem dann gefallen wird. Es wird einem einfach gefallen, was die Menschen nach einer gewissen Richtung hin ins Ungesunde hineinführt. Also gerade die Erkenntnis der Heilkraft gewisser Vorgänge, gewisser Verrichtungen, die wird erhöht werden, aber sie wird in ganz schadliches Fahrwasser gelangen. Denn vor allen Dingen wird man erfahren durch gewisse Instinkte, was gewisse Substanzen und was gewisse Verrichtungen für Krankheiten hervorrufen, und man wird ganz nach egoistischen Motiven einrichten können, Krankheiten hervorzubringen oder sie nicht hervorzubringen.

Das Dritte, was sich ergeben wird, das wird sein, dass man ganz bestimmte Kräfte kennenlernen wird, durch die man, ich möchte sagen, nur durch ganz leichte Veranlassungen, durch Harmonisierung von gewissen Schwingungen, in der Welt große Maschinenkräfte wird entfesseln können. Eine gewisse geistige Lenkung des maschinellen, des mechanischen Wesens wird man gerade auf diese Weise instinktiv erkennen lernen, und die ganze Technik wird in ein wüstes Fahrwasser kommen. Aber dem Egoismus der Menschen wird dieses wüste Fahrwasser außerordentlich gut dienen und gefallen.

Das ist ein Stück konkreter Erfassung der Entwicklung des Daseins, ein Stück Lebensauffassung, das im Grunde genommen nur derjenige recht würdigen kann, der durchschaut, wie eine ungeistige Lebensauffassung gar nicht zur Klarheit über die Sache kommen kann. Eine ungeistige Lebensauffassung würde, wenn einmal kommen würde eine menschheitsschädigende Medizin, eine furchtbare Verirrung der sexuellen Instinkte, ein furchtbares Getriebe im reinen Weltmechanismus in der Verwertung der Naturkräfte durch Geisteskräfte, eine ungeistige Weltanschauung würde ja das alles nicht durchschauen, würde nicht sehen, wie sie abirrt vom wahren Pfade, geradeso wenig wie der Schlafende, solange er schläft, sehen kann, wenn ihm der Räuber nahe kommt, der ihn bestehlen will, sondern das geht an ihm vorüber. Er sieht höchstens später, wenn er aufwacht, was angerichtet worden ist. Aber das würde ein sehr schlimmes Aufwachen sein für den Menschen: Er würde sich ergötzen an einer instinktiven Erweiterung in der Kenntnis der Heilkräfte gewisser Vorgänge und gewisser Substanzen, würde ein solches Wohlgefühl empfinden in dem Verfolgen gewisser Verirrungen sexueller Instinkte, er würde preisen diese Verirrung als eine besonders hohe Ausgestaltung der Übermenschlichkeit, der Vorurteilslosigkeit, der Unbefangenheit. Hässlich würde schön und schön hässlich in gewisser Beziehung, und man würde nichts davon merken, weil man alles als eine Naturnotwendigkeit ansehen würde. Aber es würde eine Abirrung sein von demjenigen Wege, der in der Menschheit selbst der Eigenwesenheit des Menschen vorgeschrieben ist.

Ich glaube, man kann, wenn man sich ein Gefühl dafür erworben hat, wie Geisteswissenschaft in die Gesinnung hereindringt, auch den Ernst aufbringen für solche Wahrheiten wie die heute angeführten, und man kann daraus das schöpfen, was eigentlich aus aller Geisteswissenschaft geschöpft werden soll: in dieser Geisteswissenschaft anzuerkennen eine gewisse Verpflichtung, eine gewisse Lebensverpflichtung. Wo wir auch stehen, was wir auch zu tun haben in der Welt, darauf kommt es an, dass wir den Gedanken hegen können: unser Tun muss durchtränkt und durchleuchtet sein von unserem anthroposophischen Bewusstsein. Dann tragen wir etwas dazu bei, dass die Menschheit in richtigem Sinne in ihrer Entwicklung vorwärtskommt.

Der Mensch geht ganz irre, wenn er glaubt, wahre Geisteswissenschaft, ernst und würdig erfasst, könne ihn jemals von der praktischen, intensiven Arbeit im Leben abbringen. Wahre Geisteswissenschaft macht eben erwachen, erwachen über solche Dinge, die ich heute angeführt habe. Man kann fragen: Ist denn eigentlich das wache Leben dem Schlafe schädlich? – Wenn wir den Vergleich wählen wollen, dass das Hin-

einschauen in die geistige Welt gegenüber dem gewöhnlichen Wachen ein weiteres Aufwachen ist, wie das
gewöhnliche Aufwachen ein Aufwachen aus dem
Schlafe ist, dann können wir auch, um den Vergleich zu
verstehen, die Frage aufwerfen: Kann denn jemals das
Wachleben dem Schlafe schädlich sein? – Ja, wenn es
nicht ordentlich ist! Wenn einer das Wachleben ordentlich zubringt, dann wird er auch einen gesunden Schlaf
haben, und wenn einer das wache Leben dösend oder
faul oder bequem, ohne Arbeit zubringt, dann wird
auch sein Schlaf ungesund sein. Und so ist es auch mit
Bezug auf das Leben, das wir durch die Geisteswissenschaft als waches Leben uns aneignen. Begründen wir
durch Geisteswissenschaft in uns ein ordentliches Verhältnis zur geistigen Welt, so wird ebenso, wie durch
ein gesundes Wachleben der Schlaf geregelt wird, durch
dieses rechte Verhältnis zur geistigen Welt auch unser
Interesse an dem gewöhnlichen sinnenfälligen Leben in
richtige Bahnen gelenkt.

Wer das Leben gerade in unserer Zeit betrachtet,
der muss selber schlafen, wenn er nicht auf Verschiede-
nes aufmerksam wird. Wie haben sich die Menschen
gebrüstet, besonders in den letzten Jahrzehnten, mit
ihrer «Lebenspraxis»! Man hat es endlich dahin gebracht
in den letzten Jahrzehnten, dass diejenigen, die das
Ideelle, das Geistige, das Spirituelle am meisten ver-
achten, überall gerade in die führenden Stellen hinein-
gekommen sind. Und man konnte so lange deklamieren
von der Praxis dieses Lebens, solange man nicht die
Menschheit in den Abgrund hineingezerrt hatte. Jetzt
eben fangen einige – aber die meisten, die es tun, ganz
instinktiv – an zu krächzen: Es muss eine neue Zeit kommen, es müssen allerlei neue Ideale auftreten! – Aber es
ist ein Krächzen. Und würden die Dinge instinktiv auf-

treten, ohne bewusstes Sich-Hineinleben in die Geisteswissenschaft, dann würden sie eher zum Verfall dessen,
was im Wachzustande erlebt werden soll, hinführen
denn zu irgendeinem gedeihlichen Entwicklungsüber-
gang. Wer den Menschen heute vordeklamiert mit den-
selben Worten, die sie seit langer Zeit gewöhnt sind,
der findet manchmal noch einigen Beifall. Aber die
Menschen werden sich dazu bequemen müssen, andere
Worte, andere Wendungen zu hören, damit aus dem
Chaos wiederum ein sozialer Kosmos komme.

Wenn nämlich in irgendeinem Zeitalter die Menschen, die wachen sollten, versäumen zu wachen und
nicht herausfinden, was wirklich geschehen sollte, dann
geschieht überhaupt nichts Wirkliches, sondern das
Gespenst der vorhergehenden Epoche geht dann herum,
so wie in vielen religiösen Gemeinschaften heute einfach die Gespenster der Vergangenheit herumgehen,
und so wie zum Beispiel in unserem juristischen Leben
vielfach das Gespenst vom alten Rom noch herum-
geht. Geisteswissenschaft soll gerade in dieser Beziehung im Zeitalter der Bewusstseinsseele den Menschen
frei machen, wirklich hineinführen in die Beobachtung
einer geistigen Tatsache: Was tut der Engel in unserem
astralischen Leib? – Abstrakt zu reden über Angeloi und
so weiter, das kann höchstens der Anfang sein; der Fortschritt muss dadurch erzielt werden, dass wir konkret
reden, das heißt, mit Bezug auf unser bestimmtes Zeitalter uns die nächste Frage beantworten, die uns angeht.
Sie geht uns an, weil einfach in unserem astralischen
Leib der Engel Bilder webt, diese Bilder unsere Gestaltung in der Zukunft bringen sollen und diese Gestaltung
durch die Bewusstseinsseele herbeigeführt werden soll.
Hätten wir nicht die Bewusstseinsseele, dann brauchten
wir uns nicht zu kümmern, dann würden schon andere

Geister, andere Hierarchien eintreten, um das zu bewirken, was der Engel webt. Aber da wir die Bewusstseinsseele entwickeln sollen, so treten keine anderen Geister ein, um das zu verwirklichen, was der Engel webt.

Natürlich haben auch Engel gewoben im ägyptischen Zeitalter. Aber bald traten andere Geister ein, und dem Menschen verdunkelte sich gerade dadurch sein atavistisch-hellseherisches Bewusstsein. Also, die Menschen woben, weil sie das sahen in ihrem atavistischen Hellsehen, einen Schleier, einen dunklen Schleier über die Taten der Engel. Aber jetzt soll der Mensch sie enthüllen. Deshalb soll er nicht verschlafen, was in sein bewusstes Leben hereingetragen wird in dem Zeitalter, das noch schließen wird vor dem 3. Jahrtausend. Nehmen wir aus der anthroposophisch orientierten Geisteswissenschaft nicht nur allerlei Lehren, nehmen wir auch Vorsätze! Und die werden uns Stärke geben, wachende Menschen zu sein.

Wir können uns angewöhnen, wachende Menschen zu sein. Wir können mancherlei beachten. Wir können gleich einmal anfangen mit der Wachsamkeit, können finden, dass eigentlich im Grunde genommen kein Tag vergeht, in dem nicht in unserem Leben ein Wunder geschieht. Wir können diesen Satz, den ich jetzt sprach, umkehren, wir können sagen: Wenn wir an irgendeinem Tag kein Wunder finden in unserem Leben, so haben wir es nur aus dem Auge verloren. – Versuchen Sie einmal, Ihr Leben am Abend zu überblicken; Sie werden ein kleines oder ein großes oder ein mittleres Ereignis darinnen finden, von dem Sie sich werden sagen können: Es ist ja ganz merkwürdig in mein Leben hereingetreten, es hat sich ganz merkwürdig vollzogen. – Sie können dies erreichen, wenn Sie nur umfassend genug denken, wenn Sie nur Zusammenhänge des

Lebens umfassend genug ins seelische Auge fassen. Aber das tut man im gewöhnlichen Leben gar nicht, weil man sich gewöhnlich nicht frägt: Was ist zum Beispiel durch irgendetwas verhindert worden?

Wir kümmern uns meistens nicht um die Dinge, die verhindert worden sind, die, wenn sie eingetreten wären, unser Leben gründlich verändert hätten. Hinter diesen Dingen, die aus unserem Leben fortgeschafft werden auf irgendeine Weise, sitzt ungeheuer viel von dem, was uns zu wachsamen Menschen erzieht. Was hätte mir heute alles passieren können? – Wenn ich diese Frage mir an jedem Abend stelle und dann einzelne Ereignisse betrachte, die dies oder jenes hätten herbeiführen können, so knüpfen sich an solche Fragen Lebensbetrachtungen, die Wachsamkeit in die Selbstzucht hereinbringen. Das ist etwas, was einen Anfang machen kann und was schon von selbst immer weiter und weiter führt, endlich dazu führt, dass wir nicht nur auskundschaften, was es in unserem Leben bedeutet, dass wir zum Beispiel um halb elf Uhr vormittags einmal ausgehen wollten und dass gerade im letzten Augenblicke noch irgendein Mensch kam, der uns aufhielt; wir sind ärgerlich, dass er uns aufhielt, aber wir fragen nicht nach, was hätte geschehen können, wenn wir wirklich zur rechten Zeit ausgegangen wären, wie wir es geplant haben. Wir fragen nicht: Was hat sich da verändert?

Ich habe über solche Dinge auch hier einmal schon ausführlicher gesprochen. Von der Beobachtung des Negativen in unserem Leben, das aber von der weisheitsvollen Führung unseres Lebens Zeugnis ablegen kann, bis zu der Beobachtung des webenden und wirkenden Engels in unserem astralischen Leibe ist ein gerader Weg, ein recht gerader Weg und ein sicherer

Weg, den wir einschlagen können. Davon wollen wir dann heute in acht Tagen, wenn wir den zweiten Zweigvortrag haben, weitersprechen.

WIE FINDE ICH DEN CHRISTUS?

Vortrag Zürich, 16. Oktober 1918

In Anknüpfung an die Betrachtungen, die wir in der vorigen Woche hier angestellt haben über die Teilnahme an der geistigen Welt, welche die menschliche Seele gegen die Zukunft hin erstreben muss, möchte ich heute etwas genauer gerade über verschiedene Dinge sprechen, die zusammenhängen mit jener Art des Erlebens des Christus-Mysteriums, welches ja durch solche Ideale, spirituelle Ideale, wie ich sie neulich besprochen habe, vorbereitet werden soll.

Wenn wir geisteswissenschaftlich heute den Menschen betrachten – das ist zunächst eine Mitteilung, die aber im weiteren Verlauf unserer heutigen Betrachtung manche Beleuchtung noch erfahren wird –, also wenn wir geisteswissenschaftlich, wie wir das mit den Mitteln der heutigen Geisteswissenschaft können, den Menschen in seinem Seelenleben betrachten, so können wir sagen, dass in diesem Seelenleben, insofern es auf der einen Seite zusammenhängt mit dem leiblichen Leben, auf der anderen Seite mit dem geistigen Leben, sich ein Dreifaches abspielt, eine dreifache Hinneigung zu der übersinnlichen Welt. Diese dreifache Hinneigung zu der übersinnlichen Welt muss eigentlich dann verleugnet werden, wenn man überhaupt nichts von der übersinnlichen Welt wissen will. Der Mensch hat eine Hinneigung, das zu erkennen, was man das Göttliche im Allgemeinen nennen kann. Eine zweite Hinneigung hat er – wir sprechen natürlich immer von dem Menschen im gegenwärtigen Entwicklungszyklus –, den Christus zu erkennen. Und eine dritte Hinneigung, zu erkennen dasjenige, was gewöhnlich der Geist oder auch der Heilige Geist genannt wird.

Mit Bezug auf alle diese drei Hinneigungen wissen Sie, dass es Menschen gibt, die sie verleugnen. Man hat hinlänglich erlebt, gerade im Laufe des 19. Jahrhunderts, wo die Dinge wenigstens innerhalb der europäischen Kultur auf die Spitze getrieben worden sind, dass die Leute das Göttliche in der Welt überhaupt abgeleugnet haben.

Nun kann man geisteswissenschaftlich fragen – da innerhalb der Geisteswissenschaft an dem Göttlichen, das, wenn wir so sagen dürfen, im Übersinnlichen wohnt, nicht gezweifelt werden kann: Was bringt den Menschen dazu, das Göttliche überhaupt, dasjenige, was in der Trinität der Vatergott genannt wird, abzuleugnen? Da zeigt uns die Geisteswissenschaft, dass in jedem solchen Falle, wo der Mensch ableugnet den Vatergott, also ein Göttliches überhaupt in der Welt, jenes Göttliche, das zum Beispiel auch in der israelitischen Religion anerkannt wird, ein wirklicher, echter physischer Defekt, eine physische Erkrankung, ein physischer Mangel im Menschenleibe stattfindet. Atheist sein heißt für den Geisteswissenschafter, in irgendeiner Beziehung krank sein. Natürlich ist es eine Krankheit, die die Ärzte nicht kurieren; sie sind selbst sehr häufig an dieser Krankheit leidend, einer Krankheit, die auch nicht als solche von der heutigen Medizin anerkannt ist. Aber es ist eine Krankheit, die die Geisteswissenschaft im Menschen findet, wenn der Mensch dasjenige ableugnet, was er jetzt nicht durch seine Seelen-, sondern durch seine Leibeskonstitution fühlen muss. Leugnet er das ab, was ihm ein gesundes Gefühl seines Leibes eingibt, dass ein Göttliches die Welt durchzieht, so ist er nach geisteswissenschaftlichen Begriffen krank, leiblich krank.

Es gibt dann sehr viele Leute, welche den Christus ableugnen. Die Ableugnung des Christus muss die Geisteswissenschaft betrachten als etwas, was eigentlich eine Schicksalsfrage ist und das menschliche Seelenleben betrifft. Den Christus ableugnen muss die Geisteswissenschaft ein Unglück nennen; Gott ableugnen eine Krankheit, Christus ableugnen ein Unglück. Den Christus finden können ist gewissermaßen eine Schicksalssache, ist gewissermaßen etwas, was in das Karma des Menschen hereinspielen muss. Es ist ein Unglück, zu dem Christus keine Beziehung zu haben. Den Geist oder den Heiligen Geist ableugnen bedeutet eine Stumpfheit des eigenen Geistes. Der Mensch besteht aus Leib, Seele und Geist. In Bezug auf alle drei kann er einen Defekt haben. Einen physischen, wirklichen Krankheitsdefekt gibt es beim Atheismus gegenüber dem Göttlichen. Im Leben nicht zu finden jene Anknüpfung an die Welt, welche uns den Christus erkennen lässt, das ist ein Unglück. Den Geist in seinem eigenen Inneren nicht finden können ist eine Stumpfheit, in gewissem Sinne ein Idiotismus, wenn auch ein feinerer und wiederum eben nicht anerkannter Idiotismus.

Nun handelt es sich darum, die Frage aufzuwerfen: Wie findet der Mensch den Christus? – Und gerade über das Finden des Christus wollen wir heute sprechen, jenes Finden des Christus, welches im Verlaufe des Lebens durch die eigene Menschenseele geschehen kann. Man hört oftmals von Seelen, die wirklich ernst suchende Seelen sind, die Frage: Wie finde ich den Christus? Beschäftigen kann man sich mit dieser Frage, wenn man für sie eine verständnisvolle Antwort haben will, allerdings nur dadurch, dass man dieselbe in einem gewissen historischen Zusammenhange betrachtet. Wir wollen einen geschichtlichen Zusammenhang vor unsere Seele hinstellen, der uns dann zuletzt in den heutigen Betrachtungen zur Beantwortung dieser Frage: Wie finde ich den Christus?, führen wird.

Wir wissen, unser gegenwärtiger geschichtlicher Zeitraum begann, geisteswissenschaftlich betrachtet, im 15. Jahrhundert. Man kann, wenn man eine mittlere Zahl angeben will, das Jahr 1413 angeben. Aber man kann, wenn man auf solche Zahlenangaben sich nicht einlassen will, eben sagen: Im 15. Jahrhundert wurde das Seelenleben der Menschheit so, wie es heute ist. – Wenn man das nicht zugibt in der neueren Geschichte, so ist der Grund davon nur der, dass die neuere Geschichte eben auch nur äußere Tatsachen betrachtet und gar keine Ahnung hat, in ihrer Natur als Fable convenue keine Ahnung davon hat, dass, sobald man hinter das 15. Jahrhundert zurückkommt, die Menschen anders dachten, anders fühlten, aus ihren Impulsen heraus anders handelten, radikal verschieden waren in ihrem Seelenleben von dem Seelenleben der gegenwärtigen Menschen. Der Zeitraum, der damals abschloss, 1413, begann 747 vor Christus, also im 8. vorchristlichen Jahrhundert, sodass wir dasjenige, was wir geisteswissenschaftlich die griechisch-lateinische Kulturperiode nennen, zählen von 747 vor Christus bis 1413. In diesem Zeitraum spielte sich, wie wir ja wissen, und zwar ungefähr im ersten Drittel dieses Zeitraumes, das Mysterium von Golgatha ab.

Nun, dieses Mysterium von Golgatha, es war, wie Sie wissen, für viele Menschen durch Jahrhunderte hindurch der Angelpunkt ihres ganzen Fühlens, ihres ganzen Denkens. Dieses Mysterium von Golgatha ist insbesondere gefühlsmäßig von der Seele erfasst worden in denjenigen Zeiten, welche der neueren Zeit, dem 15., 16. Jahrhunderte und so weiter, vorangegangen sind. Dann begann diejenige Epoche, in der man anfing, die Evangelien in den weiten Kreisen des Volkes zu lesen. Dann begann aber auch der Streit, ob die Evangelien wirklich historische Urkunden sind. Und dieser Streit, Sie wissen es, ist bis in unsere Tage herein auf die Spitze getrieben worden. Wir wollen uns heute nicht mit den einzelnen Phasen dieses Streites, der ja insbesondere in den Kreisen der protestantischen Theologie eine so große Rolle spielt, befassen, wir wollen nur dasjenige vor unsere Seele rücken, was heute gesagt werden kann in Bezug auf das, was man mit diesem Streit über das Mysterium von Golgatha eigentlich will.

Man hat sich gewöhnt im materialistischen Zeitalter, alles auf materialistische Art bewiesen haben zu wollen. In der Geschichte nennt man «bewiesen» dasjenige, was durch Dokumente belegt ist. Wo man Akten findet, da nimmt man an, dass ein historisches Ereignis, von dem diese Akten sprechen, wirklich geschehen ist. Solche Beweiskraft könnte man wahrscheinlich den Evangelien nicht zuschreiben. Sie wissen aus meinem Buche «Das Christentum als mystische Tatsache», was die Evangelien sind. Sie sind alles andere als historische Urkunden, sie sind Inspirationsbücher, Initiationsbücher. Man hat sie früher für historische Urkunden gehalten; nun ist man darauf gekommen durch wirkliche Forschung, dass sie keine historischen Urkunden sind. Man hat auch herausgefunden, dass alle übrigen Dokumente, die in der Bibel stehen, keine historischen Urkunden sind. Und ein anerkannter Theologe, ein zu Unrecht anerkannter Theologe, Adolf Harnack, hat als

Ergebnis der neueren Bibelforschung festgestellt, dass dasjenige, was man historisch über die Persönlichkeit des Christus Jesus wissen könne, auf einem Quartblatte zusammengeschrieben werden kann. Daran ist nur das eine richtig, wenn ich mich so paradox ausdrücken darf, dass das auch nicht wahr ist, dass das, was man auf dieses Quartblatt schreiben würde, historisch auch nicht haltbar ist! Wahr ist daran nur, dass es überhaupt keine wirklich haltbaren Urkunden über das Mysterium von Golgatha gibt. Wenn man als Geschichtsforscher heute frägt: Kann man das Mysterium von Golgatha historisch beweisen?, so muss man vom Standpunkte der heutigen Geschichtsforschung sagen: Es lässt sich nicht äußerlich beweisen.

Dies aber hat gerade seinen guten Grund. Das Mysterium von Golgatha soll sich, ich möchte sagen, nach den Ratschlüssen der göttlichen Weisheit, nicht äußerlich-materialistisch beweisen lassen, aus dem einfachen Grunde, weil das Mysterium von Golgatha als die wichtigste Tatsache, die im Erdengeschehen sich ereignet hat, nur auf eine übersinnliche Weise erschaubar sein soll. Derjenige, der da will einen äußerlich-materialistischen Beweis finden, der findet ihn eben nicht, sondern er findet zuletzt durch seine Kritik heraus, dass es keinen solchen gibt. Es soll die Menschheit vor die Entscheidung gestellt werden, gerade dem Mysterium von Golgatha gegenüber sich zu gestehen: Ich muss zum Übersinnlichen meine Zuflucht nehmen, oder ich kann so etwas wie das Mysterium von Golgatha überhaupt nicht finden. – Das Mysterium von Golgatha soll gewissermaßen die Menschenseele zwingen, aus allen sinnlichen Beweisen heraus den Weg ins Übersinnliche zu finden. Es hat also seinen guten Grund, dass das Mysterium von Golgatha weder naturwissenschaftlich noch irgendwie sonst historisch zu beweisen ist. Das wird gerade das Bedeutungsvolle sein der neueren Geisteswissenschaft, dass, wenn alle äußere Wissenschaft, alle bloß auf das Sinnenfällige gestützte Wissenschaft sich wird gestehen müssen, dass sie zum Mysterium von Golgatha keinen Zugang mehr hat, wenn selbst die Theologie, insoferne sie kritisch ist, unchristlich sich gebärden wird, die Geisteswissenschaft es sein wird, welche die Menschen zum Mysterium von Golgatha hinzuführen hat, aber auf einem übersinnlichen Wege, den wir ja öfter beschrieben haben.

Nun können wir uns fragen: Wie war die Menschheitssituation, als das Mysterium von Golgatha in den vierten nachatlantischen, in den griechisch-lateinischen Kulturzeitraum hereinfiel? – Nun, Sie wissen, was dieser Zeitraum bedeutet. Die Menschheit entwickelt sich im Laufe der Zeit so, dass sie gewissermaßen auch durchmacht die verschiedenen Glieder der menschlichen Natur. Sie wissen, in der ägyptisch-chaldäischen Zeit, die dem Jahr 747 vor Christus vorangegangen ist, wurde der Mensch eingeführt durch seine Entwicklung in das, was man die Empfindungsseele nennt; in der griechischlateinischen Zeit nun in die Verstandes- oder Gemütsseele, und seit dem Jahre 1413, in unserer fünften nachatlantischen Zeit, in die sogenannte Bewusstseinsseele. Sodass wir sagen können: Das Wesen der griechischlateinischen Kultur von 747 vor Christus bis 1413 besteht darin, dass die Menschheit erzogen wird – wenn wir diesen Lessing'schen Ausdruck gebrauchen dürfen – zum freien Gebrauch der Verstandes- oder Gemütsseele.

Fragen wir uns nun einmal: Wann war die Mitte dieses Zeitraumes? Die Mitte – denn nicht wahr, wir können annehmen, wenn von 747 vor dem Mysterium von

Golgatha bis 1413 dieser Zeitraum dauerte, so hatte er eine Mitte, wo sich sozusagen bis zu diesem Zeitpunkt hin in zunehmender Art diese Verstandes- oder Gemütsseele entwickelt hatte und dann sich in absteigender Art entwickelte –, dieser Zeitpunkt, Sie können dies leicht ausrechnen, ist das Jahr 333 nach der Geburt des Christus Jesus. 333 ist also ein sehr wichtiger Zeitraum der Menschheitsentwicklung, die Mitte der griechisch-lateinischen Kulturzeit. 333 Jahre vor dieser Mitte liegt die Geburt des Christus Jesus, liegt also dasjenige, was zum Mysterium von Golgatha führte.

Wir können die ganze Menschheitssituation nur dann richtig würdigen, wenn wir uns fragen: Was wäre nun geschehen, wenn das Mysterium von Golgatha nicht eingetreten wäre? Dann können wir recht würdigen, was das Mysterium von Golgatha für die Menschheit für einen Wert hat, wenn wir fragen, was geschehen wäre, wenn das Mysterium von Golgatha nicht eingetreten wäre. Natürlich wäre dann die Menschheit ohne das Mysterium von Golgatha nur durch die eigenen elementarischen Kräfte zu der Mitte des vierten nachatlantischen Zeitraumes im Jahre 333 gekommen. Sie hätte aus sich selber heraus alle die Fähigkeiten entwickelt, die der Verstandes- oder Gemütsseele angehören. Die hätte sie dann gehabt in den nächsten Jahrhunderten.

Das wurde wesentlich dadurch geändert, dass das Mysterium von Golgatha eintrat. Es geschah etwas ganz anderes eben, als sonst geschehen wäre, und es geschah etwas gewaltig anderes. Wenn wir hinblicken auf das Mysterium von Golgatha, dann können wir, um dieses besondere Ereignis, das der ganzen Erde einen Sinn gibt, zu charakterisieren, gerade den Gesichtspunkt als den allerwichtigsten anschauen, dass nur ein übersinnlicher Zugang zu dem Mysterium von Golgatha ist, dass man nur auf übersinnlichem Weg zu ihm kommt.

Woran liegt das eigentlich? Das liegt daran, dass der Mensch, trotzdem er im vierten nachatlantischen Zeitraum, gegen das Jahr 333 zu, sich näherte der höchsten Blüte der Verstandes- oder Gemütsseele, dass der Mensch zwischen Geburt und Tod in seinem physischen Leben überhaupt weit davon entfernt war, die Natur des Mysteriums von Golgatha mit gewöhnlichen menschlichen Kräften zu verstehen. Das, worauf es ankommt, ist, dass wir uns [zwar] entwickeln können und steinalt werden können: mit den Kräften, die wir infolge unserer Leibesentwicklung zwischen Geburt und Tod in uns zur Entfaltung bringen, können wir das Mysterium von Golgatha nicht begreifen.

Daher kam es auch, dass auch die Zeitgenossen, die den Christus Jesus liebenden Zeitgenossen, die Jünger, die Apostel nur dadurch verstehen konnten, soweit sie es verstehen sollten, wie es stand mit dem Christus Jesus, den sie umgaben, dass sie in gewissem Sinne mit atavistischem Hellsehen, wie ich öfter gesagt habe, ausgestattet waren und durch ihr atavistisches Hellsehen eine Ahnung hatten von dem, der unter ihnen herumging. Aber durch die eigenen menschlichen Kräfte hatten sie das nicht. Und dann schrieben sie auch die Evangelien nieder, die Evangelienschreiber, indem sie zu Hilfe nahmen alte Mysterienbücher. Sie schrieben sie, diese mächtigen Evangelien, aus der alten atavistischen Hellseherkraft heraus, nicht aus den Kräften, die sich bis dahin auf naturgemäße Weise, aus naturgemäßen menschlichen Kräften entwickelt hatten.

Aber die Menschenseele entwickelt sich weiter, auch nachdem sie durch die Pforte des Todes gegangen ist. Diese Menschenseele, die sich weiterentwickelt, auch nachdem sie durch die Pforte des Todes gegangen ist, wächst in ihren Verständniskräften auch nach dem Tode; sie lernt immer mehr und mehr verstehen.

Nun liegt das Eigentümliche vor, dass die Zeitgenossen des Christus, die sich durch ihre Liebe zu dem Christus vorbereitet hatten für ein Leben in Christo nach dem Tode, dass diese aus eigenen menschlichen Kräften voll das Mysterium von Golgatha eigentlich erst begriffen im 3. Jahrhunderte nach dem Mysterium von Golgatha. Also diejenigen, die mit dem Christus als seine Jünger und Apostel zugleich gelebt haben, die starben dann, lebten weiter in der geistigen Welt, und indem sie in der geistigen Welt lebten, wuchsen ihre Kräfte, geradeso wie sie hier wachsen. Nun sind wir beim Tode nicht so weit, dass wir solches Verständnis haben, wie wir es zwei Jahrhunderte nach dem Tode haben. Die Zeitgenossen waren eigentlich erst im 2. Jahrhundert, gegen das 3. Jahrhundert zu, so weit, dass sie dann in dem geistigen Reich, das der Mensch zwischen dem Tode und einer neuen Geburt durchlebt, von sich selbst aus zu dem Verständnis dessen kamen, was sie vor zwei bis drei Jahrhunderten hier auf der Erde erlebt hatten. Und dann inspirierten sie von der geistigen Welt aus diejenigen Menschen, die hier unten auf der Erde waren.

Lesen Sie von diesem Gesichtspunkte aus dasjenige, was die sogenannten Kirchenväter im 2., 3. Jahrhunderte, als die Inspiration im rechten Sinne anfing, geschrieben haben, dann werden Sie darauf kommen, wie man verstehen kann, was von den Kirchenvätern geschrieben worden ist über den Christus Jesus. Dasjenige, was von den toten Zeitgenossen des Christus Jesus inspiriert worden ist, das hat man im 3. Jahrhunderte angefangen zu schreiben. Eine merkwürdige Sprache führen diese Menschen im 3. Jahrhundert über den

Christus Jesus, eine Sprache, die zum Teil für den heutigen Menschen – wir werden gleich nachher über diesen heutigen Menschen sprechen – recht unverständlich ist.

Ich will einen Menschen anführen, ich könnte auch einen anderen anführen, aber ich will Ihnen einen, der der gegenwärtigen materialistischen Kultur so recht verächtlich ist, anführen, denjenigen, von dem diese materialistische Kultur sagt, er hätte einen schrecklichen Satz gesprochen: Credo quia absurdum est – Ich glaube dasjenige, was töricht ist, und nicht dasjenige, was vernünftig ist. Den Tertullian will ich anführen.

Wenn man den Tertullian anführt, der ungefähr in der Zeit lebte, wo die Inspiration von oben von den toten Zeitgenossen des Christus Jesus begann, und der, soweit er es konnte als Mensch, unter dieser Inspiration stand, wenn man diesen Tertullian wirklich liest, so bekommt man einen eigentümlichen Eindruck. Natürlich schrieb er so, wie er schreiben musste nach seiner menschlichen Konstitution. Man kann ja gut Inspirationen haben, aber sie zeigen sich immer so, wie man sie aufnehmen kann. So gab denn auch der Tertullian die Inspirationen nicht ganz rein; er gab sie so, wie er sie in seinem menschlichen Gehirn zum Ausdruck bringen konnte, erstens, da er in einem sterblichen Leibe wohnte, und zweitens, da er in einer gewissen Hinsicht leidenschaftlich und fanatisiert war. Er schrieb so, wie es herauskam, aber höchst merkwürdig herauskam, wenn es von einem wahren und richtigen Gesichtspunkte aus betrachtet wird.

Dieser Tertullian tritt einem von diesem Gesichtspunkt aus entgegen als ein Römer von einer nicht einmal besonders hohen literarischen Bildung, aber als ein Schriftsteller von großartiger Sprachkraft. Man kann geradezu sagen: Tertullian ist derjenige, welcher die lateinische Sprache dem Christentum erst gerecht gemacht hat. Er hat erst die Möglichkeit gefunden, diese prosaischste, unpoetischste Sprache, diese rein rhetorische Sprache, die lateinische Sprache, mit solchem Temperament und mit einer solchen heiligen Leidenschaft zu durchglühen, dass wirklich unmittelbar seelisches Leben in dem Werke des Tertullian lebt, insbesondere in «De carne Christi» zum Beispiel, oder auch in demjenigen Werk, in dem er alles abzuweisen versucht, wessen man die Christen beschuldigt. Sie sind mit einem heiligen Temperament geschrieben und mit einer großartigen Sprachkraft.

Und dieser Tertullian war als Römer – und an «De carne Christi» kann man das zeigen – vorurteilslos gegenüber seinem eigenen Römertum. Er fand großartige Worte, indem er die Christen gegen die Verfolgung der Römer verteidigte. Die Misshandlungen, die man den Christen zufügte, damit sie ableugnen sollten ihre Zugehörigkeit zu dem Christus Jesus, die verurteilte er temperamentvoll, sodass er sagte: Beweist nicht euer Verhalten als Richter gegenüber den Christen hinlänglich genug, dass ihr ungerecht seid? Ihr müsst euer ganzes richterliches Verfahren, wie ihr es sonst habt, ändern, es nicht anwenden, wenn ihr gegen die Christen richtet. Sonst zwingt ihr durch die Misshandlungen einen Zeugen, dass er nicht ableugnet; ihr zwingt ihn, dass er bekennt, was wahr ist, was er wirklich meint. Bei dem Christen macht ihr es umgekehrt: Ihr foltert ihn, damit er leugnet, was er meint. Ihr benehmt euch als Richter den Christen gegenüber entgegengesetzt dem Falle, wie ihr euch sonst als Richter benehmt. Sonst wollt ihr die Wahrheit erfahren durch die Misshandlung; bei den Christen wollt ihr die Lüge erfahren. – Und in ähnlicher Weise, in Worten, die wirklich den Nagel auf den Kopf trafen, sprach Tertullian über vieles.

Dabei kann man sagen, dass er neben dem, dass er ein mutiger, kraftvoller Mann war, der die Hohlheit des römischen Götterdienstes voll durchschaute und darstellte, außerdem ein Mensch war, der überall, wo er schrieb, seine Beziehungen zur übersinnlichen Welt bewies. Er redete von der übersinnlichen Welt so, dass man sieht: Der Mann weiß, was es heißt, von der übersinnlichen Welt zu reden. Er redet von Dämonen so, wie er von seinen Bekannten als Menschen redet. Und er redet zum Beispiel von den Dämonen so, dass er sagt: Fragt die Dämonen, ob der Christus, der, von dem die Christen behaupten, dass er ein wahrer Gott sei, wirklich ein wahrer Gott ist! Stellt einmal einen wirklichen Christen einem Besessenen gegenüber, aus dem ein Dämon spricht, da werdet ihr sehen: Wenn ihr ihn wirklich zum Sprechen bringt, gesteht er euch, dass er selber ein Dämon ist, denn er sagt die Wahrheit. – Das wusste Tertullian, dass die Dämonen nicht lügen, wenn man sie befragt. – Aber die Dämonen sagen euch auch, wenn der Christ sie richtig frägt aus seinem Bewusstsein heraus, dass der Christus der wahre Gott ist. Nur hassen sie ihn, weil sie ihn bekämpfen. Ihr werdet von dem Dämon erfahren, dass das der wahre Gott ist. – Also nicht nur auf das Zeugnis der Menschen, sondern auf das Zeugnis der Dämonen beruft sich Tertullian. So spricht er von den Dämonen als Zeugen, die nicht bloß reden, die da auch bekennen, dass Christus der wahre Gott ist. Das sagt Tertullian alles aus sich selbst heraus.

Man hat wirklich allen Grund, wenn man Tertullian als Schriftsteller kennenlernt, zu fragen: Was war denn eigentlich das tiefere Seelenbekenntnis des Tertullian, der ergriffen war von der Ihnen eben geschilderten

Inspiration? Dieses tiefere Seelenbekenntnis des Tertullian ist in der Tat lehrreich. Denn Tertullian ahnte bereits etwas, was eigentlich erst ziemlich lange nach der Zeit des Tertullian offenbar werden sollte für die Menschheit. Tertullian bekannte sich im Grunde zu drei Sätzen gegenüber der menschlichen Natur. Erstens: Die menschliche Natur ist so, dass sie in der jetzigen Zeit – also das ist die Zeit des Tertullian, Ende des 2. nachchristlichen Jahrhunderts –, dass sie, wie sie jetzt ist, die Schmach auf sich laden kann, das größte Erdenereignis zu verleugnen. Wenn der Mensch nur sich folgt, kommt er nicht zum größten Erdenereignis. Zweitens ist seine Seele zu schwach, um dieses größte Erdenereignis zu begreifen. Drittens ist es dem Menschen ganz unmöglich, wenn er nur dem folgt, was ihm sein sterblicher Leib ermöglicht, ein Verhältnis zu gewinnen zu dem Mysterium von Golgatha.

Diese drei Dinge sind ungefähr das Bekenntnis des Tertullian. Aus diesen drei Dingen heraus hat Tertullian die Worte gesprochen: «Gekreuzigt wurde Gottes Sohn; das ist keine Schande, weil es schändlich ist. Auch gestorben ist er; gerade darum ist es glaublich, weil es töricht ist.» «Prorsus credibile est, quia ineptum est», das ist gerade deshalb glaublich, weil es töricht ist. Dieser Satz steht bei Tertullian. Der andere Satz, den ihm die Welt andichtet: Credo, quia absurdum est, steht nirgends, weder bei Tertullian noch bei einem anderen Kirchenvater. Aber dieser Satz, den ich Ihnen jetzt eben ausgesprochen habe, ist dazumal geschrieben worden. Die meisten Menschen kennen von Tertullian nichts anderes als diesen Satz, der nicht wahr ist. Drittens: «Und der Begrabene ist auferstanden», sagt Tertullian, «weil es unmöglich ist. Wir müssen es glauben, weil es unmöglich ist.»

Dieser dreifache Ausspruch, den Tertullian tut, der erscheint natürlich den modernen, ganz gescheiten Menschen als etwas Schreckliches. Man soll sich nur so einen waschechten heutigen materialistisch Gebildeten denken, der da hört, dass einer sagt: Christus ist gekreuzigt worden; wir müssen es glauben, weil es schmachvoll ist. Christus ist gestorben; wir müssen es glauben, weil es töricht ist. Christus ist wahrhaftig auferstanden; wir müssen es glauben, weil es unmöglich ist. – Man soll sich vorstellen, was so ein richtiger monistischer Weltanschauer von heute zu solchen Sätzen für ein Verhältnis gewinnen kann!

Was meinte aber Tertullian? Tertullian ist gerade durch seine Inspiration für seine damalige Zeit so ein rechter Menschenkenner geworden, hat erkannt, auf welchem Wege die menschliche Natur in der damaligen Zeit war. Die Menschen gingen entgegen den folgenden Jahrhunderten der vierten nachatlantischen, der griechisch-lateinischen Kulturperiode. Gerade so viel Jahre, als das Mysterium von Golgatha der Mitte dieses Zeitraumes vorangegangen ist, 333 Jahre, gerade so viel Jahre nach diesem Zeitraum war beabsichtigt von gewissen geistigen Mächten, die Erdenentwicklung in ganz andere Bahnen zu leiten, als sie dann, weil das Mysterium von Golgatha da war, geleitet worden ist. 333 Jahre nach dem Jahre 333 ist 666; das ist jene Jahreszahl, von der der Schreiber der Apokalypse mit einem großen Temperamente spricht. Lesen Sie die betreffenden Stellen, wo der Schreiber der Apokalypse von dem spricht, was sich auf 666 bezieht! Da sollte nach den Intentionen gewisser geistiger Mächte mit der Menschheit etwas geschehen, und es wäre geschehen, wenn das Mysterium von Golgatha nicht eingetreten wäre. Man hätte den absteigenden Weg, der von 333 ab der Menschheit beschieden gewesen wäre als Gipfelpunkt der Kultur der Verstandes- oder Gemütsseele, diesen absteigenden Weg hätte man dazu benützt, um die Menschheit in ein ganz anderes Fahrwasser zu bringen, als sie kommen sollte nach der Intention derjenigen göttlichen Wesenheiten, die mit ihr vom Anfange, von der Saturnzeit an, verknüpft sind. Das sollte dadurch geschehen, dass etwas, was erst später kommen sollte in die Menschheit, die Bewusstseinsseele mit ihren Inhalten, durch eine Art Offenbarung der Menschheit schon 666 gegeben würde. Wäre das ausgeführt worden, wären wirklich die Intentionen erfüllt worden gewisser der Menschheitsentwicklung entgegengesetzter, aber diese Menschheitsentwicklung an sich reißen wollender Wesen, dann wäre die Menschheit 666 so überrascht worden, begabt worden mit der Bewusstseinsseele, wie sie es erst längere Zeit nach unserer Zeit sein wird.

Darauf beruht nämlich dasjenige, was die den menschenliebenden Göttern feindlichen Wesenheiten immer machen, dass sie dasjenige, was diese den Menschen guten geistigen Wesenheiten zu einer späteren Zeit machen wollen, in einen früheren Zeitpunkt verlegen wollen, wo die Menschheit noch nicht reif dazu ist. Es hätte dasjenige, was erst in der Mitte unseres Zeitraumes hätte geschehen sollen, was also erst 1080 Jahre nach dem Jahre 1413 geschehen soll, was erst also im Jahre 2493 geschehen soll – da soll erst der Mensch so weit sein mit Bezug auf das bewusste Erfassen seiner eigenen Persönlichkeit –, schon 666 durch ahrimanisch-luziferische Kräfte dem Menschen eingeimpft werden sollen.

Was wollte man dadurch erreichen aufseiten dieser Wesen? Sie wollten dadurch dem Menschen die Bewusstseinsseele geben, hätten ihm aber dadurch eine

Natur eingepflanzt, die es ihm unmöglich gemacht hätte, seinen weiteren Weg zum Geistselbst, zum Lebensgeist und zum Geistesmenschen zu finden. Man hätte abgeschnitten seinen Zukunftsweg und hätte den Menschen für ganz andere Entwicklungsbahnen in Anspruch genommen.

Die Geschichte hat sich nicht abgespielt so, wie es intendiert war in dieser besonderen Gestalt, in dieser phänomenalen, großartigen, aber teuflischen Gestalt, aber die Spuren davon haben sich doch in der Geschichte vollzogen. Sie konnten sich dadurch vollziehen, dass Dinge geschahen, von denen man nur sagen kann: Die Menschen tun sie auf der Erde, aber sie tun sie eigentlich immer, indem sie Handlanger sind desjenigen, was gewisse geistige Wesenheiten durch die Menschen ausführen. – Und so war denn auch der Kaiser Justinian ein Handlanger gewisser Wesenheiten, als er, der ja ein Feind war alles dessen, was aus der hohen Weisheit des Griechentums überkommen war, 529 die Philosophenschulen in Athen schloss, sodass die letzten Reste der griechischen Gelehrsamkeit mit dem hohen aristotelisch-platonischen Wissen verbannt wurden und nach Persien hinüber flüchteten. Nach Nisibis waren schon früher, als Zeno Isauricus im 5. Jahrhunderte ebensolche griechische Weise von Edessa vertrieben hatte, die syrischen Weisen geflohen. Und so versammelte sich gegen das Jahr, das heranrückte, gegen 666 hin, in der persischen Akademie von Gondishapur wirklich dasjenige, was auserlesenste Gelehrsamkeit war, die herübergekommen war aus dem alten Griechentum und die keine Rücksicht genommen hatte auf das Mysterium von Golgatha. Und innerhalb der Akademie von Gondishapur lehrten diejenigen, die inspiriert waren von luziferisch-ahrimanischen Kräften.

Hätte dasjenige, was 666 über die Menschheit hätte kommen sollen – was, wenn es gekommen wäre, eben zum Abschneiden der späteren Entwicklung und zur Erhöhung der Menschheit zur Bewusstseinsseele schon im Jahre 666 geführt hätte –, hätte das seinen vollen Erfolg gehabt, was von der Akademie von Gondishapur beabsichtigt war, dann wären im 7. Jahrhunderte da und dort überall hochgelehrte und durch ihre Hochgelehrsamkeit in außerordentlichem Maße geniale Menschen entstanden, welche wandern sollten durch Westasien, durch Nordafrika, durch Südeuropa, durch Europa überhaupt und die überall verbreiten sollten jene Kultur von 666, die von der Akademie von Gondishapur beabsichtigt war. Diese Kultur sollte vor allen Dingen den Menschen ganz auf seine Persönlichkeit stellen, ganz die Bewusstseinsseele schon bringen.

Es war nicht möglich geworden, dass dies geschah. Die Welt hatte schon eine andere Gestaltung angenommen, als diejenige hätte sein müssen, in welcher das hätte geschehen können. Daher wurde der ganze Stoß, der versetzt werden sollte der abendländischen Kultur von der Akademie von Gondishapur aus, abgestumpft. Und statt dass eine Weisheit herausgekommen ist, gegen welche alles das, was wir heute in der äußeren Welt wissen, eine ganze Kleinigkeit wäre, statt dass eine Weisheit durch Eingebung in spiritueller Weise über alles dasjenige herausgekommen ist, was man nach und nach durch das Experimentieren und durch die Naturwissenschaft bis zum Jahre 2493 sich erobern wird, und das durch eine glänzende, großartige Gelehrsamkeit herausgekommen wäre, sind dann nur die Reste davon geblieben in dem, was arabische Gelehrte nach Spanien gebracht haben. Aber es war auch schon abgestumpft. Das ist nicht in jener Weise herausgekommen, wie es gewollt war, es ist abgestumpft worden. Und an dessen Stelle ist der Mohammedanismus, ist Mohammed mit seiner Lehre geblieben, und es ist nur der Islam anstelle desjenigen gekommen, was von der Akademie von Gondishapur hätte ausgehen sollen. Die Welt war durch das Mysterium von Golgatha abgebracht worden von dieser ihr verderblichen Richtung.

Und abgebracht worden war sie dadurch, dass schon früher nicht nur das Mysterium von Golgatha geschehen ist, sondern eben dieses Mysterium von Golgatha als solches Ereignis geschehen ist, welches nicht begriffen werden kann von den gewöhnlichen menschlichen Kräften bis zum Tod; wodurch innerhalb der abendländischen Menschheit eben das entstand, was ich vorhin beschrieben habe: Inspiration vonseiten der Toten fand statt, wie wir dies bei Tertullian und vielen anderen bemerken. Dadurch wurde der Sinn der Menschen auf das Mysterium von Golgatha und damit auf etwas ganz anderes hingelenkt, als dasjenige ist, was von der Akademie von Gondishapur hätte ausgehen sollen. Dadurch verbreitete sich dasjenige, was verhinderte jene hohe, aber teuflische Weisheit, welche die Akademie von Gondishapur intendierte, aber es wurde verhindert die Ausbreitung jener Weisheit zum Heile der Menschheit. Es kam vieles gebrochen heraus von dem, was inspiriert worden war von den Toten, aber es war doch die Menschheit davor bewahrt, das über sich ergehen zu lassen, was sie in ihre Seelen hätte aufnehmen müssen, wenn die Akademie von Gondishapur mit ihrer Tendenz Glück gehabt hätte.

Aber solche Ereignisse wie dasjenige, was von der Akademie von Gondishapur intendiert war, die gehen gewissermaßen hinter den Kulissen der äußeren Weltentwicklung vor sich. Sie gehen im Übersinnlichen vor sich. Die Menschen stehen damit in Beziehung, aber diese Ereignisse spielen sich durchaus im Übersinnlichen ab. Und wir können nicht solche Ereignisse, weder dasjenige, was intendiert war von der Akademie von Gondishapur, noch das Ereignis von Golgatha, nur nach dem beurteilen, was auf dem physischen Plane geschieht. Wir müssen solche Ereignisse, wenn wir sie charakterisieren wollen, in viel, viel bedeutenderen Tiefen aufsuchen, als man gewöhnlich meint.

Zurückgeblieben ist der Menschheit schon etwas von dem, was damals hätte geschehen sollen und was nur abgestumpft worden ist, indem von etwas Großartigem der phantastische, jämmerliche Islam herausgekommen ist. Geschehen ist schon etwas mit der Menschheit. Das ist geschehen, dass dazumal die Menschheit, auf welche der Impuls von Gondishapur gewirkt hat, dieser neupersische Impuls, der zur Unzeit den Zarathustra-Impuls wiederbrachte, dass die gesamte Menschheit, wenn ich so sagen darf, wenn ich mich trivial ausdrücken darf, einen innerlichen Knacks bis in die Leiblichkeit hinein bekommen hat. Damals hat die Menschheit einen Impuls bekommen, der bis in die physische Leiblichkeit hineingeht, mit dem wir weiter jetzt immer geboren werden, den Impuls, der eigentlich gleich ist mit dem, was ich vorhin charakterisiert habe. Jene Krankheit ist der Menschheit eingeimpft worden, die, wenn sie sich auslebt, zur Leugnung des Vatergottes führt

Also verstehen Sie mich recht: Die Menschheit, insofern sie die zivilisierte Menschheit ist, hat heute im Leibe einen Stachel. Und der heilige Paulus spricht sehr viel von diesem Stachel. Diese Menschheit hat im Leibe einen Stachel. Der heilige Paulus spricht davon prophetisch. Er hatte ihn als ein besonders vorangeschrittener

Mensch schon zu seiner Zeit; die anderen bekamen ihn eigentlich erst im 7. Jahrhundert. Aber dieser Stachel wird sich immer mehr ausbreiten, wird immer bedeutungsvoller und bedeutungsvoller sein. Wenn Sie heute einen Menschen kennenlernen, der sich ganz diesem Stachel hingibt, dieser Krankheit – denn das ist ein Stachel im physischen Leib, das ist eine wirkliche Krankheit –, dann wird er ein Atheist, dann wird er ein Gottesleugner, ein Leugner des Göttlichen. Anlage zu diesem Atheismus hat eigentlich jeder Mensch, der der modernen Zivilisation angehört; es handelt sich nur darum, ob er sich dieser Anlage hingibt. Der Mensch trägt in sich jene Krankheit, die ihn aufreizt dazu, das Göttliche abzuleugnen, während es eigentlich in der Tat aus seiner Natur folgen würde, es anzuerkennen. Diese Natur ist dazumal gewissermaßen etwas mineralisiert worden, zurückgeschraubt worden in der Entwicklung, sodass wir alle die Gottesleugner-Krankheit in uns tragen.

Durch diese Gottesleugner-Krankheit wird mancherlei in den Menschen bewirkt. Durch diese Gottesleugner-Krankheit wird nämlich ein stärkeres Anziehungsband geschaffen zwischen der Seele des Menschen und seinem Leibe, als früher da war und als es eigentlich in der menschlichen Natur selber liegt. Es wird gleichsam die Seele mehr an den Leib angeschmiedet. Und während die Seele durch ihre eigene Natur nicht dazu bestimmt ist, teilzunehmen an den Schicksalen des Leibes, wäre sie dadurch in eine Bahn gekommen, wodurch sie immer mehr und mehr an den Schicksalen des Leibes teilnehmen würde, auch an den Schicksalen der Geburt und Vererbung und des Todes.

Nichts Geringeres haben nämlich schon dazumal – was in einer mehr dilettantischen Form wiederum gewisse Geheimgesellschaften auch in unserer Zeit wollen – die Weisen von Gondishapur gewollt, als den Menschen für diese Erde sehr groß zu machen, sehr weise zu machen, aber mit Einimpfung dieser Weisheit seine Seele teilnehmen zu lassen am Tode, sodass er nicht die Neigung haben würde, wenn er durch die Pforte des Todes gegangen ist, an dem geistigen Leben und an den folgenden Inkarnationen teilzunehmen. Sie wollten ihm geradezu die weitere Entwicklung abschneiden. Sie wollten ihn für sich für eine ganz andere Welt gewinnen, vom Erdenleben her konservieren, um ihn von dem abzubringen, wozu der Mensch auf der Erde da ist, was er erst lernen soll in langsamer, allmählicher Entwicklung und wodurch er zu dem Geistselbst, Lebensgeist und Geistesmenschen kommen wird.

Die Menschenseele würde also, mehr als ihr vorbestimmt war, mit der Erde bekannt gemacht werden. Der Tod, der nur für den Leib vorbestimmt ist, würde gewissermaßen auch zum Schicksal der Seele geworden sein. Diesem ist durch das Mysterium von Golgatha entgegengearbeitet. Sodass der Mensch todverwandt geworden ist, aber durch das Mysterium von Golgatha bewahrt worden ist vor dieser Todesverwandtschaft. Hat auf der einen Seite eine gewisse Strömung in der Weltentwicklung eine stärkere Verwandtschaft der Seele mit dem Menschenleib bewirkt, als sie dem Menschen vorgeschrieben war, so hat der Christus, um dem die Waage zu halten, die Seele stärker an den Geist gebunden, als das wiederum vorbestimmt war. Sodass also durch das Mysterium von Golgatha die Menschenseele näher an den Geist gebracht worden ist, als ihr vorbestimmt war.

Dies befähigt uns, erst so recht hineinzuschauen, wie zusammenhängt das Mysterium von Golgatha mit den innersten Kräften der Menschennatur durch die Jahr tausende hindurch. Man muss das Wechselverhältnis, das von Ahriman und Luzifer dem Menschen bestimmt war, das Wechselverhältnis zwischen Leib und Seele vergleichen können mit dem Wechselverhältnis zwischen Seele und Geist, wenn man historisch richtig an das Mysterium von Golgatha herankommen will.

Die katholische Kirche, die sehr stark unter [dem Einfluss der] Reste des Impulses der Akademie von Gondishapur stand, die hat 869 auf dem achten ökumenischen Konzil in Konstantinopel dogmatisch bestimmt, dass man nicht an den Geist zu glauben habe, weil sie nicht etwa jeden aufklären wollte über das Mysterium von Golgatha, sondern Finsternis breiten wollte über das Mysterium von Golgatha. Von der katholischen Kirche ist der Geist 869 abgeschafft worden. Das Dogma, das da bestimmt worden ist, heißt, man habe nicht an den Geist zu glauben, sondern nur an Leib und Seele, und die Seele habe in sich etwas Geistartiges. Aber dass der Mensch wirklich besteht aus Leib, Seele und Geist, das wurde durch die katholische Kirche abgeschafft. Diese Abschaffung, die ist in der katholischen Kirche direkt noch unter dem Einflusse des Impulses von Gondishapur geschehen. Die Geschichte nimmt sich eben anders aus, als sie zum Hausgebrauch der Menschen, die man gerne leiten möchte, von dieser oder jener Seite her oftmals geformt wird.

Der Mensch also wurde durch das Mysterium von Golgatha geistverwandter gemacht. Dadurch sind im Menschen zwei Kräfte: die Kraft, die ihn seelisch dem Tode ähnlich macht, und diejenige Kraft, die ihn wiederum vom Tode befreit, die ihn zum Geiste innerlich hinführt.

Diese Kraft, was ist sie für eine? Ich habe Ihnen gesagt: Es ist eine Art Krankheit, was das Gottesleugnerische im Menschen ist. Die Anlage ist eine Art Krankheit, die wir alle in uns tragen innerhalb der zivilisierten Menschheit vermöge unseres bloßen Leibes. Doch den Gott abzuleugnen, es ist eine Krankheit, sagt die Geisteswissenschaft, aber diese Krankheit haben wir in uns. Und wir leugnen, wenn wir uns recht verstehen, erst dann den Gott nicht ab, wenn wir ihn durch Christus wiederfinden. So wie unser Leib eine Erkrankungskraft in sich hat, die hintendiert nach der Gottesleugnung, so haben wir, indem wir die Christus-Kraft so in uns haben, wie ich es öfter dargestellt habe, infolge des Mysteriums von Golgatha dadurch eine gesundende, eine heilsame Kraft in uns. Nun, der Christus ist für uns alle im wahrsten Sinne des Wortes der Heiland, der Arzt gegenüber jener Krankheit, die den Menschen zum Gottesleugner machen kann. Der Christus ist ein Arzt dagegen. Er ist ein Arzt für jene verborgene Krankheit, die ich Ihnen jetzt charakterisiert habe.

Unsere Zeit ist in recht vieler Beziehung eine Wiedererneuerung jener Zeiten, die sich zugetragen haben zum Teil durch das Mysterium von Golgatha, zum Teil durch dasjenige, was 333, zum Teil durch dasjenige, was 666 geschehen ist. Das hat ganz bestimmte Wirkungen. Sie verstehen das Mysterium von Golgatha nur richtig, wenn Sie sich klar sind darüber: Man kann es nicht verstehen mit den Kräften, die dem Menschen nur gegeben sind dadurch, dass er physisch bis zum Tode in einem physischen Leibe lebt. Selbst die Zeitgenossen, die Apostelzeitgenossen konnten erst im 3. Jahrhunderte, also lange nach ihrem Tode, aus ihren eigenen Kräften heraus als Menschen das Mysterium von Golgatha verstehen. Aber alle diese Dinge gehen in die Entwicklung ein, durch alle diese Dinge spielt sich manches ab. Und es hat sich Folgendes abgespielt.

Wir sind heute in einer ganz anderen Lage, als diejenigen waren, die Zeitgenossen Christi waren oder die in den folgenden Jahrhunderten bis ins 7. Jahrhundert gelebt haben. Wir leben ja bereits in der fünften nachatlantischen Zeit und sind weit darinnen; wir leben im 20. Jahrhundert. Das hat zur Folge, dass, indem wir als Seele geboren werden und aus der übersinnlichen Welt in die sinnliche hereintreten, wir nun wiederum Jahrhunderte vorher in der geistigen Welt etwas erleben. So wie diejenigen, die Zeitgenossen des Mysteriums von Golgatha waren, Jahrhunderte danach zum vollen Verständnisse kamen des Mysteriums von Golgatha, so erleben wir eine Art von Spiegelbild, bevor wir geboren werden, und zwar Jahrhunderte bevor wir geboren werden. Das gilt aber nur für die heutigen Menschen. Die heutigen Menschen tragen alle, indem sie hereingeboren werden in die physische Welt, etwas mit, was wie ein Abglanz ist des Mysteriums von Golgatha, wie ein Spiegelbild desjenigen, was man Jahrhunderte nach dem Mysterium von Golgatha in der geistigen Welt erlebte.

Nun, diesen Impuls kann natürlich derjenige, der nicht übersinnlich schauen kann, nicht unmittelbar schauen, aber alle können die Wirkung dieses Impulses in sich erleben. Und wenn sie ihn erleben, dann finden sie die Antwort auf die Frage: Wie finde ich den Christus?

Dazu ist folgendes Erleben notwendig. Man findet den Christus, wenn man folgende Erlebnisse hat. Erstens das Erlebnis, dass man sich sagt: Ich will so weit Selbsterkenntnis anstreben, als es mir möglich ist, nach meiner ganz individuellen menschlichen Persönlichkeit möglich ist. – Keiner, der ehrlich diese Selbsterkenntnis anstrebt, wird sich anderes heute als Mensch sagen können als: Ich kann das nicht fassen, was ich eigentlich anstrebe. Ich bleibe mit meiner Fassungskraft hinter dem, was ich anstrebe, zurück; ich empfinde meine Ohnmacht gegenüber meinem Streben. – Es ist dieses Erleben ein sehr wichtiges. Dieses Erleben müsste jeder haben, der ehrlich mit sich selbst, in Selbsterkenntnis zurate geht: ein gewisses Ohnmachtsgefühl. Dieses Ohnmachtsgefühl ist gesund, denn dieses Ohnmachtsgefühl ist nichts anderes als das Empfinden der Krankheit, und man ist ja erst recht krank, wenn man eine Krankheit hat und sie nicht fühlt. Indem man die Ohnmacht empfindet, sich zum Göttlichen zu erheben in irgendeinem Zeitpunkte seines Lebens, fühlt man in sich jene Krankheit, von der ich gesprochen habe, die uns eingepflanzt ist. Und indem man diese Krankheit empfindet, empfindet man, dass die Seele durch unseren Leib eigentlich, so wie der Leib heute ist, verurteilt wäre mitzusterben. Dann, wenn man genügend kräftig diese Ohnmacht empfindet, dann kommt der Umschlag. Dann kommt das andere Erlebnis, das uns sagt: Aber wir können, wenn wir uns nicht an dasjenige hingeben, was zu erreichen wir durch unsere Leibeskräfte allein imstande sind, wir können, wenn wir uns hingeben an dasjenige, was uns der Geist gibt, überwinden diesen innerlichen Seelentod. Wir können die Möglichkeit haben, unsere Seele wiederzufinden und an den Geist anzuknüpfen. Wir können erleben die Nichtigkeit des Daseins auf der einen Seite und die Verherrlichung des Daseins aus uns selber, wenn wir hinüberkommen über das Spüren der Ohnmacht. Wir können die Krankheit spüren in unserer Ohnmacht, wir können [aber auch] den Heiland, die heilende Kraft spüren, wenn wir die Ohnmacht [erlebt haben], dem Tode verwandt geworden sind in unserer Seele. Indem wir den Heiland spüren, fühlen wir, dass wir etwas in unserer Seele tragen, das aus dem Tode jederzeit auferstehen kann im eigenen inneren Erleben. – Wenn wir diese zwei Erlebnisse suchen, finden wir in unserer eigenen Seele den Christus.

Das ist ein Erlebnis, dem die Menschheit entgegengeht. Angelus Silesius sagte es, als er die bedeutungsvollen Worte sprach: «Das Kreuz von Golgatha kann dich nicht von dem Bösen, Wo es nicht auch in dir wird aufgericht, erlösen.» Es kann im Menschen aufgerichtet werden, indem er die zwei Pole fühlt: die Ohnmacht durch sein Leibliches, die Auferstehung durch sein Geistiges.

Das innere Erlebnis, das aus diesen zwei Teilen besteht, das ist dasjenige, welches zum Mysterium von Golgatha wirklich hintendiert. Das ist ein Ereignis, demgegenüber man sich nicht ausreden kann dadurch, dass man sagt, man habe keine übersinnlich entwickelten Fähigkeiten. Die braucht man dazu nicht. Man braucht nur wirklich Selbstbesinnung zu üben und den Willen zu dieser Selbstbesinnung, den Willen auch zur Bekämpfung jenes Hochmuts, der heute so gang und gäbe ist, welcher den Menschen nicht bemerken lässt, dass, wenn er sich auf seine eigenen Kräfte verlässt, er hochmütig wird gegenüber seinen eigenen Kräften. Wenn man nicht fühlen kann gegenüber seinem eigenen Hochmut, dass man durch seine eigenen Kräfte ohnmächtig wird, dann kann man weder den Tod noch die Auferstehung fühlen, dann kann man nie des Angelus Silesius Gedanken erfühlen: «Das Kreuz von Golgatha kann dich nicht von dem Bösen, Wo es nicht auch in dir wird aufgericht, erlösen.» Dann aber, wenn wir Ohnmacht und Wiederherstellung aus der Ohnmacht empfinden können, dann tritt für uns der Glücksfall ein, dass wir eine wirklich reale Beziehung zu dem Christus Jesus haben. Denn dieses Erleben ist die Wiederholung desjenigen, was wir Jahrhunderte vorher in der geistigen Welt erlebten. So müssen wir es in seinem Spiegelbild hier in der Seele auf dem physischen Plane suchen. Suchen Sie in sich, und Sie werden finden die Ohnmacht. Suchen Sie, und Sie werden finden, nachdem Sie die Ohnmacht gefunden haben, die Erlösung von der Ohnmacht, die Auferstehung der Seele zum Geist.

Aber lassen Sie sich nicht beirren in diesem Suchen durch manches, was heute als Mystik oder selbst von gewissen positiven Bekenntnissen aus gepredigt wird. Wenn Harnack zum Beispiel vom Christus spricht, so ist das nicht wahr, was er sagt, aus dem einfachen Grunde, weil dasjenige, was er vom Christus sagt – lesen Sie es durch –, man von dem Gott überhaupt sagen kann. Das kann man ebenso gut vom Judengott sagen, das kann man ebenso gut vom Gott der Mohammedaner sagen, von allen. Und viele, die heute sogenannte «Erweckte» sein wollen, die sagen: Ich erlebe den Gott in mir – aber sie erleben eben nur den Vatergott, und den auch nur in einer abgeschwächten Gestalt, weil sie eigentlich nicht bemerken, dass sie krank sind und nur traditionell nachreden. So etwas macht zum Beispiel Johannes Müller. Aber alle diese haben keinen Christus, denn das Christus-Erlebnis besteht nicht aus einem Erleben des Gottes in der Menschenseele, sondern aus den zweien: aus dem Erleben des Todes in der Seele durch den Leib und der Wiederauferstehung der Seele durch den Geist. Und derjenige, der der Menschheit sagt, dass er nicht bloß den Gott in sich fühlt – wie es auch die bloß rhetorischen Theosophen behaupten –, sondern der reden kann von den zwei Ereignissen, von der Ohnmacht und von der Auferstehung aus der Ohnmacht, der redet von dem wirklichen Christus-Erlebnis. Der aber findet sich auf einem übersinnlichen Wege hin zu dem Mysterium von Golgatha; er findet selbst die Kräfte, die gewisse übersinnliche Kräfte anregen und die ihn hinführen zu dem Mysterium von Golgatha.

Man braucht heute wahrhaftig nicht zu verzweifeln daran, in unmittelbarem eigenem Erleben den Christus zu finden, denn man hat ihn gefunden, wenn man sich wiedergefunden hat, aber aus der Ohnmacht heraus. Das ganze Nichtigkeitsgefühl, das uns überkommt, wenn wir über die eigenen Kräfte ohne Hochmut nachdenken, das muss vorausgehen dem Christus-Impuls. Gescheite Mystiker glauben, wenn sie nur sagen können: Ich habe in meinem Ich das höhere Ich, das Gottes-Ich gefunden, das sei Christentum. Das ist nicht Christentum. Das Christentum muss eben auf dem Satze stehen: «Das Kreuz von Golgatha kann dich nicht von dem Bösen, Wo es nicht auch in dir wird aufgericht, erlösen.» Man kann schon an den Einzelheiten des Lebens verspüren, wie wahr das ist, was ich sage, und man kann dann aufsteigen von diesen Einzelheiten des Lebens zu dem großen Erlebnis von der Ohnmacht und der Auferstehung aus der Ohnmacht. Es wäre schön, besonders in unserer Gegenwart, wenn die Menschen zum Beispiel Folgendes finden würden. Es ist ganz gewiss eine in den Tiefen der Menschenseelen beruhende Tendenz zur Wahrheit hin, und danach auch, die Wahrheit auszusprechen. Aber gerade wenn wir in dieser Absicht drinnenstehen, die Wahrheit auszusprechen und dann uns selbst besinnen über dieses Aussprechen der Wahrheit, da können wir einen ersten Schritt auf dem Wege tun zu dem Empfinden der Ohnmacht des menschlichen Leibes gegenüber der göttlichen Wahrheit. In dem Augenblicke, wo Sie wirklich Selbstbesinnung treiben über das Die-Wahrheit-Reden, kommen Sie nämlich auf etwas sehr Merkwürdiges. Der Dichter hat es gefühlt, indem er gesagt hat: «Spricht die Seele, so spricht, ach! schon die Seele nicht mehr.» – Auf dem Wege, wodurch das, was wir innerlich in der Seele als Wahrheit wirklich erleben, zur Sprache wird, stumpft es sich bereits ab. Es ertötet sich in der Sprache noch nicht vollständig, aber es stumpft sich bereits ab. Und der, der die Sprache kennt, der weiß, dass nichts anderes als die Eigennamen, die nur ein Ding immer bezeichnen, rechte Bezeichnungen für dieses Ding sind. Sobald wir generalisierte Namen haben, seien sie Haupt- oder Zeit- oder Eigenschaftswörter, sprechen wir nicht mehr voll die Wahrheit. Da besteht dann die Wahrheit darinnen, dass wir uns dessen bewusst sind, dass wir im Grunde genommen mit jedem Satze von der Wahrheit abweichen müssen.

Geisteswissenschaftlich versucht man aufzuerstehen aus diesem Geständnis: Mit jeder Behauptung sagst du die Unwahrheit, indem man in einer gewissen Weise vorgeht, die ich Ihnen öfter charakterisiert habe. Ich habe Ihnen öfter gesagt: Nicht so sehr auf das kommt es an in der Geisteswissenschaft, was gesagt wird – denn das würde ebenso sehr diesem Ohnmachtsurteil verfallen –, sondern darauf kommt es an, wie es gesagt wird. Versuchen Sie einmal zu verfolgen – Sie können das auch in meinen Schriften tun –, wie eine jede Sache von den verschiedensten Gesichtspunkten aus charakterisiert wird, wie immer versucht wird, ein Ding von der einen Seite und von der anderen Seite zu charakterisieren. Nur dann kann man sich nähern den Dingen. Derjenige, der nämlich glaubt, dass die Worte selbst etwas anderes sind als eine Eurythmie, der irrt sich gar sehr. Die Worte sind nur eine vom Kehlkopf ausgeführte, von der Luft mitbewirkte Eurythmie. Sie sind bloß Gebärden, nur dass sie nicht mit den Händen und mit den Füßen gemacht werden, die Gebärden, sondern dass sie mit dem Kehlkopf gemacht werden. Wir müssen uns bewusst werden, dass wir nur hindeuten auf irgendetwas und dass wir nur dann ein richtiges Verhältnis zur Wahrheit gewinnen, wenn wir in dem Worte Hindeutungen auf dasjenige sehen, was wir ausdrücken wollen, und wenn wir als Menschen so miteinander leben, dass wir uns bewusst sind, dass in den Worten Hindeutungen leben. Darauf will unter anderem auch die Eurythmie weisen, die den ganzen Menschen zum Kehlkopf macht, das heißt, durch den ganzen Menschen das ausdrückt, was sonst nur der Kehlkopf ausdrückt, damit die Menschen wiederum verspüren, dass, auch wenn sie die Lautsprache sprechen, sie nur Gebärden machen. Ich sage «Vater», ich sage «Mutter»: Wenn ich alles generalisieren werde, so kann ich mich nur dann wahrhaftig ausdrücken, wenn der andere sich mit mir zusammen im sozialen Element eingelebt hat in diese Dinge, wenn er die Gebärde versteht. Wir erstehen nur dann aus der Ohnmacht, die wir schon der Sprache gegenüber empfinden können, wir feiern daraus die Auferstehung, wenn wir verstehen, dass, indem wir den Mund aufmachen, wir bereits christlich sein müssen. Dasjenige, was geworden ist aus dem Worte, aus dem Logos im Laufe der Entwicklung, es ist nur dann zu verstehen, wenn der Logos wiederum mit dem Christus verbunden wird, wenn wir uns bewusst werden: Unser Leib, indem er das Werkzeug des Aussprechens wird, zwingt die Wahrheit herunter, sodass sie teilweise erstirbt auf unseren Lippen, und wir beleben sie wiederum in Christo, wenn wir uns bewusst werden, dass wir sie vergeistigen müssen, das heißt, den Geist mitdenken, nicht die Sprache als solche hinnehmen, sondern den Geist mitdenken. Das müssen wir lernen.

Ich weiß nicht, ob morgen die Zeit das gestatten wird, auch öffentlich auf eine solche Sache aufmerksam zu machen. Ich würde es gerne tun, aber ich will hier zunächst es aussprechen. Wenn ich es morgen noch einmal zu wiederholen hätte, so mögen Sie sich nicht daran stoßen. Ich will hier zunächst sagen, was ich an verschiedenen Orten öffentlich gesagt habe. Sehen Sie, man kann eine merkwürdige Entdeckung machen. Ich will das an einem besonderen Fall charakterisieren. Ich habe genau studiert die wirklich sehr interessanten Aufsätze, die Woodrow Wilson geschrieben hat, Vorträge über amerikanische Geschichte, amerikanische Literatur, amerikanisches Leben. Man kann sagen, dass von diesem Woodrow Wilson gerade die amerikanische Entwicklung, wie sie so vor sich geht von dem amerikanischen Osten nach dem Westen, großartig, gewaltig geschildert wird. So ganz als Amerikaner schildert er, und sehr fesselnd sind diese in Aufsätzen wiedergegebenen Vorträge. «Nur Literatur» heißen sie; man lernt das amerikanische Wesen – denn Woodrow Wilson ist der typischste Amerikaner – dadurch kennen, dass man diese Aufsätze liest. Nun habe ich verglichen – es lässt sich der Vergleich ganz objektiv vornehmen – manches in den Aufsätzen von Woodrow Wilson mit Aussprüchen zum Beispiel von Herman Grimm, einem Mann, der durch und durch typischer Deutscher des 19. Jahrhunderts, typischer Mitteleuropäer des 19. Jahrhunderts ist, ein Mann, der durch seine Schreibweise mir ebenso sympathisch ist, wie Woodrow Wilson mir durch und durch unsympathisch ist. Aber das nur persönlich nebenbei. Ich liebe die Schreibweise von Herman Grimm, und ich empfinde als etwas mir ganz Widerstrebendes die Schreibweise von Woodrow Wilson, aber man kann dabei ganz objektiv sein: Der typische Amerikaner Woodrow Wilson schreibt einfach ganz glänzend, großartig, namentlich über die Entwicklung des amerikanischen Volkes. – Und nun kam etwas anderes in Betracht, indem ich verglichen habe Woodrow-Wilson- und Herman-Grimm-Aufsätze, wo beide geschrieben haben über die Methode der Geschichte. Man kann Sätze von Woodrow Wilson herübernehmen, sie stimmen fast wörtlich genau überein mit Sätzen, die Herman Grimm geschrieben hat, und man kann Sätze von Herman Grimm herübersetzen in Woodrow Wilsons Aufsätze – sie stimmen ganz überein. – Jede Entlehnung ist ausgeschlossen! Es ist gar keine Rede davon, dass ich auf eine Entlehnung hindeuten will; das ist ganz ausgeschlossen. Hier ist der Punkt, wo man, ohne ins Bourgeoise, Philiströse zu verfallen, so recht lernen kann: Wenn zwei dasselbe sagen, ist es nicht dasselbe. – Denn nun wird es zum Problem: Was ist denn da Merkwürdiges, dass eigentlich viel eindringlicher, viel suggestiver, als Herman Grimm in seiner Methode der Geschichte je geschildert hat, Woodrow Wilson seine Amerikaner schildert und dabei in seiner Schilderung [wie] in Sätzen von Herman Grimm spricht? Woher rührt das? Es wird wirklich zum Problem.

Nun findet man, wenn man sich darauf einlässt, das Folgende. Wenn man Herman Grimms Stil verfolgt, alles, was er geschrieben hat, da sieht man: Jeder Satz ist persönlich individuell erkämpft, von Satz zu Satz alles persönlich individuell erkämpft. Alles geht vor in dem Lichte der Kultur des 19. Jahrhunderts, aber aus der unmittelbarsten Bewusstseinsseele heraus. Glanzvoll schildert Woodrow Wilson, aber von etwas in seinem Unterbewusstsein selber besessen. Eine dämonische

Besessenheit ist vorhanden. In seinem Unterbewusstsein ist etwas, das ihm eingibt dasjenige, was er nun hinschreibt. Der Dämon, der natürlich auf eine besondere Art in einem Amerikaner des 20. Jahrhunderts zum Vorschein kommt, der spricht durch seine Seele. Dadurch das Großartige, das Gewaltige.

Heute, wo die faule Menschheit so oftmals sagt, wenn sie irgendwo etwas liest: Das habe ich dort und dort auch gelesen, wo sie nur auf den Inhalt geht, heute ist die Zeit, wo die Menschheit lernen muss, dass es gar nicht mehr so sehr auf den Inhalt ankommt, sondern darauf ankommt, wer etwas sagt; dass man kennen muss den Menschen aus dem, was er sagt, weil die Worte nur Gebärden sind und man kennen muss, wer diese Gebärde macht. Das ist dasjenige, in das sich die Menschheit hineinleben muss. Hier liegt ein furchtbar großes Mysterium des allergewöhnlichsten Lebens vor. Es ist eben ein Unterschied, ob im persönlichen Ich erkämpft wird Satz für Satz oder aber ob es von unten oder von oben oder von seitwärts her in irgendeiner Weise zum Beispiel eingegeben ist. Suggestiver sogar wirkt zum Beispiel das Eingeben, weil man demgegenüber, was erkämpft ist, selbst wiederum sich jeden Satz erkämpfen muss. Und die Zeit nähert sich, wo man nicht mehr auf den bloßen wortwörtlichen Inhalt dessen, was man vor der Seele hat, wird zu sehen haben, sondern wo man wird zu sehen haben vor allen Dingen auf diejenigen, die das oder jenes sagen; nicht auf die äußere physische Persönlichkeit, sondern auf den ganzen menschlich-geistigen Zusammenhang.

Wenn die Menschen heute fragen: Wie finde ich den Christus?, dann muss man eine solche Antwort geben, denn der Christus lässt sich nicht durch irgendeine Spintisiererei oder durch eine bequeme Mystik erlangen, sondern er lässt sich nur erlangen, wenn man den Mut hat, sich unmittelbar in das Leben hineinzustellen. Und in einem solchen Falle müssen Sie auch der Sprache gegenüber die Ohnmacht fühlen, in die der Leib Sie versetzt hat dadurch, dass er der Träger der Sprache wird, und nachher die Auferstehung des Geistes in dem Worte. Das ist es. Nicht nur: «Der Buchstabe tötet, der Geist macht lebendig», welcher Ausspruch ja auch vielfach missverstanden wird, sondern schon der Laut tötet, und der Geist muss erst wieder lebendig machen, indem man konkret im einzelnen Erleben an den Christus und an das Mysterium von Golgatha anknüpft. In diesem ersten Schritte findet man den Christus: Suchen, nicht bloß, wenn da oder dort schöne Worte stehen, auf ihren Inhalt schauen – heute sind die Menschen das gewöhnt –, sondern suchen nach den menschlichen Zusammenhängen, suchen, wie die Worte hervorkommen aus dem Orte, von dem her sie gesprochen sind. Immer wichtiger und wichtiger wird das. Wenn gerade manche unter uns dies bedenken würden, würden wir nicht so oft es erleben, dass Leute kommen und sagen: Der hat ja ganz anthroposophisch oder theosophisch gesprochen; man lese das nur einmal nach! – Darauf kommt es nicht an, was da für Worte stehen, sondern, aus welchem Geiste heraus sie sind. Nicht Worte wollen wir mit der Anthroposophie verbreiten, sondern einen neuen Geist, den Geist allerdings, der der Geist des Christentums vom 20. Jahrhundert ab sein muss.

Das wollte ich noch anknüpfen. Ich bin glücklich, dass ich es anknüpfen konnte an dasjenige, was ich vor acht Tagen hier ausgeführt habe, und dass ich wiederum zu Ihnen von diesen uns alle berührenden Angelegenheiten sprechen konnte, und ich hoffe, dass wir in kürzester Zeit einmal wiederum auch diese Zweigbetrachtungen hier in Zürich fortsetzen können. In diesem Sinne denken wir ja immer daran, wenn wir auch räumlich voneinander getrennt sind: Wir sind als Anthroposophen in den Seelen beisammen, und in diesem Sinne wollen wir immer in dem Geiste der Menschheit, der da walten und wirken soll, getreu auch beisammen bleiben.

ANHANG

Zu den Vorträgen

Die hier vorgelegten Zweigvorträge hielt Rudolf Steiner am 9. und 16. Oktober 1918 in Zürich vor den Mitgliedern des dortigen Zschokke-Zweigs. Bereits in den Vorjahren hatte Steiner auf Einladung des Zschokke-Zweigs in Zürich jeweils vier öffentliche und drei (1916) bzw. zwei (1917) interne Vorträge bestritten. Die Einladung und auch die Festlegung der Termine dürfte relativ kurzfristig erfolgt sein. Unter dem Datum vom 17. September 1918 ist im Protokollbuch des Zschokke-Zweigs vermerkt: «Da H. Dr. Steiner wieder im Land ist, soll er gebeten werden, auch in Zürich wieder einige Vorträge zu halten.»[1]

Wegen der Grippeepidemie war die Zweig-Tätigkeit im Jahr 1918, wie sowohl der Jahresbericht als auch das Protokollbuch vermerken, reduziert. Dennoch dürften die Vorträge von den damals 74 Mitgliedern des Zweigs gut besucht worden sein. Sie fanden im Zunfthaus zur Zimmerleuten am Limmatquai statt, wurden jedoch im Gegensatz zu den öffentlichen Vortragsabenden im Konservatorium für Musik an der Florhofgasse 6 nicht eigens angekündigt. Im Protokollbuch des Zschokke-Zweigs findet sich unter dem eingeklebten Programm der öffentlichen Vorträge lediglich der handschriftliche

---

1 Protokoll des Zschokke-Zweiges der Anthroposophischen Gesellschaft Zürich, II. Buch, von Dienstag d. 11. III. 1913 bis Dienstag d. 15. XII. 1920, Vereinsarchiv des Pestalozzi-Zweigs der Anthroposophischen Vereinigung in der Schweiz, Depositum Stadtarchiv Zürich, VII. 477, Schachtel 1.

Vermerk: «An den 2 Mittwochabenden (9. + 16. X.) Logenvortrag. (Zimerleuten)». Die regulären Studienabende, die immer dienstags angesetzt waren, fanden hingegen in diesen beiden Wochen nicht statt, wie es in der kurzen Notiz weiter heißt: «Wegen Grippe-Maßnahmen müssen die Dienstag-Abendsitzungen wieder aussetzen.»

Die Titel der beiden Zweigvorträge stammen von Marie Steiner; die Vorträge wurden, jeweils als Einzelveröffentlichung, erstmals 1937 im Philosophisch-Anthroposophischen Verlag publiziert als «Esoterische Betrachtung für die Angehörigen der Freien Hochschule für Geisteswissenschaft Goetheanum». Es folgten weitere Ausgaben, in denen dann beide zusammengehörende Vorträge gemeinsam abgedruckt waren: zunächst 1949 eine autorisierte Ausgabe im Stuttgarter Verlag Freies Geistesleben, sodann ab 1963 im Verlag der Rudolf Steiner Nachlassverwaltung (4. Aufl., 1970; 5. Aufl., 1975; 6. Aufl., 1981; 7. Aufl., 1986; 8. Aufl., 1990; 9. Aufl., 1996). In der Gesamtausgabe enthalten sind sie in dem Band «Der Tod als Lebenswandlung», GA 182, Dornach 1996 (1. Auflage 1969).

Der Text basiert auf Stenogrammen von Helene Finckh und wurde für diese Ausgabe in Rechtschreibung und Interpunktion angepasst. Die Hinweise wurden überprüft und aktualisiert.

4 Oeffentliche Vorträge

von

Hrn. Dr. Rudolf Steiner aus Dornach

im Konservatorium für Musik

Florhofgasse Nr. 6

je abends 8 Uhr

1. Vortrag, Dienstag, den 8. Oktober 1918:

   „Ist eine übersinnliche Erkenntnisweise wissenschaftlich zu begründen?"

2. Vortrag, Donnerstag, den 10. Oktober 1918:

   „Der geisteswissenschaftliche Aufbau der Seelenforschung, von deren Grundlagen bis zu den lebenswichtigen Grenzfragen des Menschendaseins."

3. Vortrag, Dienstag, den 15. Oktober 1918:

   „Naturerkenntnis, Sozialwissenschaft und religiöses Leben im Lichte geisteswissenschaftlicher Anschauungen."

4. Vortrag, Donnerstag, den 17. Oktober 1918:

   „Die Geschichte der Neuzeit im Lichte geisteswissenschaftlicher Forschung."

Den vorstehend angekündigten Vorträgen liegt die Absicht zu Grunde, Ergebnisse geisteswissenschaftlicher (anthroposophischer) Forschung über verschiedene wichtige Wissens- und Lebensgebiete zur Mitteilung zu bringen, und — von einer noch anderen Seite als dies durch den Vortragenden schon im vorigen Jahre geschehen ist — die Rechtfertigung dieser Forschung gegenüber den anerkannten Wissenschaften der Gegenwart darzulegen.

Eintrittskarten für alle 4 Vorträge à Fr. 6.— und Fr. 3.— und für einzelne Vorträge à Fr. 2.— und Fr. 1.— im Vorverkaufe bei Albert Müller, Buchhandlung, Sonnenquai 18, sowie je Abends von 7 Uhr an im Konservatorium.

Anthroposophische Gesellschaft, Zschokke-Zweig, Zürich.

Ankündigungszettel der öffentlichen Vorträge Steiners mit handschriftlichem Vermerk zu den Logenabenden, an denen er die Vorträge «Was tut der Engel in unserem Astralleib?» und «Wie finde ich den Christus?» hielt: «Mittwoch d. 9 + 16 Okt. Logenabend im Saal ‹Zimerleuten›» (Vereinsarchiv des Pestalozzi-Zweigs, Stadtarchiv Zürich)

87

20   «Die Geheimwissenschaft im Umriss» (1910), GA
     13.

22   *Gewissermaßen die nächsten Wesenheiten:* In der
     maschinenschriftlichen Übertragung des Steno-
     gramms steht «Aussichten» statt «Wesenheiten»;
     offenbar ein Lese- oder Übertragungsfehler, der für
     die 7. Auflage 1986 korrigiert wurde.

30   «Wie erlangt man Erkenntnisse der höheren Wel-
     ten?» (1904/05), GA 10.

44   *Natürlich haben auch Engel gewoben:* Die Nieder-
     schrift ist hier offenbar lückenhaft; wahrscheinlich
     sind Sätze oder wesentliche Satzteile ausgefallen.
     Der Sinn der Stelle ergibt sich durch Vergleich mit
     S. 23 f. und mit den Ausführungen in «Die geistige
     Führung des Menschen und der Menschheit», GA
     15, 2. Kapitel.

45   *Ich habe über solche Dinge … gesprochen:* Am
     6. November 1917 in Zürich, Vortrag enthalten in
     GA 178, Basel 2015, S. 77–98.

51   «Das Christentum als mystische Tatsache» (1902),
     GA 8.

Adolf Harnack hat ... festgestellt: In Adolf von Harnacks (1851–1930) Schrift «Das Wesen des Christentums» heißt es wörtlich: «Unsere Quellen für die Verkündigung Jesu sind – einige wichtige Nachrichten bei dem Apostel Paulus abgerechnet – die drei ersten Evangelien. Alles Übrige, was wir unabhängig von diesen Evangelien über die Geschichte und Predigt Jesu wissen, lässt sich bequem auf eine Quartseite schreiben, so gering an Umfang ist es.» (Das Wesen des Christentums, Leipzig 1901, S. 13.)

53 *wenn wir diesen Lessing'schen Ausdruck gebrauchen dürfen:* Angespielt wird auf das religionsphilosophische Werk «Die Erziehung des Menschengeschlechts» von Gotthold Ephraim Lessing, Berlin 1780.

57 *Tertullian will ich anführen:* Quintus Septimius Florens Tertullianus (um 160 bis nach 220) war Sohn eines römischen Offiziers, unter den vielen Streitschriften ist sein berühmtestes Werk zur Verteidigung des Christentums das um 198 erschienene «Apologeticum».

60 *«Gekreuzigt wurde Gottes Sohn ...»:* Im 5. Buch von Tertullians «De carne Christi» heißt es: «crucifixus est dei filius: non pudet, quia pudendum est. et mortuus est dei filius: prorsus credibile est, quia ineptum est. et sepultus resurrexit: certum est, quia impossibile.» (Q. Septimii Florentis Tertulliani De Carne Christi Liber. Tertullian's Treatise on Incarnation, hrsg. von Ernest Evans, London 1956, S. 18.)

61 *von der der Schreiber der Apokalypse … spricht:* Vgl.
Offb. 13,18.

63 *Justinian:* Flavius Petrus Sabbatius Iustinianus (um
482–565) war von 527 an bis zu seinem Tod oströmischer Kaiser.

Zeno Isauricus: Flavius Zeno Augustus (um 425–
491) war von 474 bis zu seinem Tod oströmischer
Kaiser. Er schloss 489 durch ein Edikt die auch als
Perserschule bezeichnete «Schule von Edessa», die
daraufhin nach Nisibis zurückverlegt wurde.

Akademie von Gondishapur: Zu dieser Gelehrten-
akademie des Sassanidenreichs, die bis ins 10.
Jahrhundert bestand, vgl. die Vorträge vom 12.
und 13. Oktober 1918, enthalten in: GA 184,
Dornach 2002, S. 276–321, sowie Heinz Herbert
Schöffler: «Die Akademie von Gondishapur. Aris-
toteles auf dem Wege in den Orient», 2. Aufl.,
Stuttgart 1980.

66 *Paulus spricht … von diesem Stachel:* Z. B. im 2. Korintherbrief, 12,7.

69 *achte ökumenische Konzil von Konstantinopel im
Jahre 869:* Bei diesem gegen den Patriarchen Pho-
tius veranstalteten Konzil wurde in den «Cano-
nes contra Photium» in Can. 11 festgelegt, dass der
Mensch nicht «zwei Seelen» habe, sondern «unam
animam rationalem et intellectualem». Der von
Rudolf Steiner sehr geschätzte katholische Philo-
soph Otto Willmann schreibt in seinem dreibändi-
gen Werk «Geschichte des Idealismus», 1. Auflage,

Braunschweig 1894, § 54: Der christliche Idealismus als Vollendung des antiken (Band II, Seite 111): «Der Mißbrauch, den die Gnostiker mit der paulinischen Unterscheidung des pneumatischen und des psychischen Menschen trieben, indem sie jenen als den Ausdruck ihrer Vollkommenheit ausgaben, diesen als den Vertreter der im Gesetze der Kirche befangenen Christen erklärten, bestimmte die Kirche zur ausdrücklichen *Verwerfung der Trichotomie.*» Vgl. dazu auch die Erwähnung des Konzils von Konstantinopel durch Rudolf Steiner u. a. in den GA-Bänden 174a, 174b, 191, 194, 203.

73 *Angelus Silesius sagte es:* Das Zitat von Angelus Silesius (i. e. Johann Scheffler, 1624–1677) stammt aus dem «Cherubinischen Wandersmann» (1657), Erstes Buch, Nr. 62 (Das Äußre hilft dir nicht).

74 *Johannes Müller,* 1864–1949, protestantischer Theologe, Leiter einer «Freistätte persönlichen Lebens für Suchende jeder Richtung und Herkunft» auf Schloss Elmau in Oberbayern. Verfasser zahlreicher Schriften über religiöse und soziale Probleme. 1946 wegen «Verherrlichung von Hitler in Wort und Schrift» verurteilt.

76 *Der Dichter hat es gefühlt:* So Friedrich Schillers Distichon «Sprache» aus den «Tabulae votivae».

77 *die Eurythmie ..., die den ganzen Menschen zum Kehlkopf macht:* Siehe dazu Rudolf Steiners verschiedene Ausführungen in: «Eurythmie. Die Offenbarung der sprechenden Seele», GA 277.

78 *ob morgen die Zeit das gestatten wird:* Im Vortrag
    Zürich, 17. Oktober 1918, «Die Geschichte der
    Neuzeit im Lichte geisteswissenschaftlicher For-
    schung», enthalten in: GA 73 (Dornach 1987),
    wird der Gegenstand in der Fragenbeantwortung
    (S. 366–376) wieder aufgegriffen.

    die wirklich sehr interessanten Aufsätze, die Wood-
    row Wilson geschrieben hat: Zur Zeit des Vortrags
    war Woodrow Wilson (1856–1924) Präsident der
    Vereinigten Staaten von Amerika. Die deutsche
    Übersetzung der Aufsatzsammlung «Mere Litera-
    ture and Other Essays» erschien 1913 unter dem
    Titel «Nur Literatur. Betrachtungen eines Amerika-
    ners» (München: Georg Müller; autorisierte Über-
    tragung von Hans Winand).

    Herman Grimm: Rudolf Steiner kannte den Kunst-
    historiker Herman Grimm (1838–1901) aus seiner
    Weimarer Zeit. Zum Vergleich von Herman Grimm
    und Woodrow Wilson siehe unter anderem auch
    den Vortrag vom 30. März 1918, Berlin, enthalten
    in: GA 181, S. 145–161, hier S. 152 f., sowie die
    oben genannte Fragenbeantwortung vom darauf-
    folgenden Tag, GA 73, S. 371 f.

81 *«Der Buchstabe tötet …»:* 2. Korintherbrief, 3,6.

Spirituelle Perspektiven

Rudolf Steiners Werk ist immens. Auf 95000 Seiten befinden sich, oftmals verstreut, vom Gedankenblitz bis zur umfassenden Schilderung zahlreiche neue Sichtweisen auf Themen, die gegenwärtig breit diskutiert werden. Wer nicht Zeit hat, sich jahrelang durch dieses Werk zu arbeiten, kann sich mit den Bändchen der Spirituellen Perspektiven rasch einen Einstieg verschaffen. Die Quellenangaben am Schluss ermöglichen, die ausgewählten Textstellen im größeren Zusammenhang nachzulesen.

Rudolf Steiner

Stichwort Angst
Hrsg. Taja Gut
72 Seiten, Broschur
ISBN 978-3-7274-4902-4

Stichwort Anthroposophie
Hrsg. Hans Stauffer
95 Seiten, Broschur
ISBN 978-3-7274-4904-8

Stichwort Freiheit
Hrsg. Philip Kovce
104 Seiten, Broschur
ISBN 978-3-7274-4907-9

Stichwort Gehirn
Hrsg. Taja Gut
84 Seiten, Broschur
ISBN 978-3-7274-4905-5

Stichwort Karma
Hrsg. Hans Stauffer
80 Seiten, Broschur
ISBN 978-3-7274-4908-6

Stichwort Liebe
Hrsg. Daniel Baumgartner
68 Seiten, Broschur
ISBN 978-3-7274-4909-3